Franz Hermann Meissner

Künstlermonographien

Veronese

Franz Hermann Meissner

Künstlermonographien
Veronese

ISBN/EAN: 9783744604284

Hergestellt in Europa, USA, Kanada, Australien, Japan

Cover: Foto ©ninafisch / pixelio.de

Weitere Bücher finden Sie auf **www.hansebooks.com**

Künstler-Monographien

In Verbindung mit Andern herausgegeben

von

H. Knackfuß

XXVI

Veronese

—

Bielefeld und Leipzig
Verlag von Velhagen & Klasing
1897

Veronese

Von

Franz Hermann Meißner

Mit 88 Abbildungen nach Gemälden und Zeichnungen

Bielefeld und Leipzig
Verlag von Velhagen & Klasing
1897

Von diesem Werke ist für Liebhaber und Freunde besonders luxuriös ausgestatteter Bücher außer der vorliegenden Ausgabe

eine numerierte Ausgabe

veranstaltet, von der nur 50 Exemplare auf Extra-Kunstdruckpapier gedruckt sind. Jedes Exemplar ist in der Presse sorgfältig numeriert (von 1—50) und in einen reichen Ganzlederband gebunden. Der Preis eines solchen Exemplars beträgt 20 M. Ein Nachdruck dieser Ausgabe, auf welche jede Buchhandlung Bestellungen annimmt, wird nicht veranstaltet.

Die Verlagshandlung.

Druck von Fischer & Wittig in Leipzig.

Abb. 1. Selbstporträt. Florenz. Uffizien.
(Nach einer Originalphotographie von Braun, Clément & Cie. in Dornach i. E., Paris und New York.)

Paolo Caliari gen. Veronese.

Von den drei großen Hauptstädten Italiens, in denen die Kulturepoche der Renaissance nacheinander ihre Höhepunkte erreichte, — Florenz, Rom, Venedig, — ist die Lagunenrepublik im Gedenken der Jahrhunderte mit einem verführerischen Märchenschimmer haften geblieben. Wirkt doch Venedig noch heute auf den Wanderer durch seine Herrlichkeiten und seine Reste wie ein schöner Traum, und wer zu träumen und Träume sich selbst zu deuten versteht, für den gibt es kaum irgendwo einen geeigneteren Ort, um leicht aus der Gegenwart in glänzende Vergangenheit zu gleiten und auf Tage, Wochen, Monate die pulsende Welt um sich herum zu vergessen. Denkt man an Athen und Rom im Altertum, an Florenz, das mittelalterliche Rom, an Paris und Nürnberg, so mischt in der Vorstellung sich eine Fülle von kühnen Thaten mit gewaltigen Schöpfungen, und man erinnert sich langer und oft verzweifelter Mühen, aus denen als Blüte ein weniger Jahrzehnte vorhaltender Glanz emporstieg; — denkt man an Venedig, dann ist's, als habe nie ein ernster Schatten das goldene Dasein getrübt, welches mühelos dem Lagunensohn die reiche Heimat bereitete, — eine Pracht, ein Glück, eine Lebenswonne scheint sich vor dem Auge des Epigonen zu enthüllen, die wie ein Märchen, nicht wie Wirklichkeit zu uns sprechen.

Es ist viel zusammengekommen, um über lange Spannen an Zeit hinweg den Duft einer bewunderungswürdigen Blüte, den Glanz einer in gewisser Hinsicht nie wiedererreichten Vollkommenheit selbst für den Beschauer zu erhalten, der kritisch auch die Schattenseiten jener Kultur nicht außer acht läßt . . . Einmal die einzige Lage des Orts in den Fluten des Adriatischen Meers. Seine Kanäle mit den vielen stolzen Palästen, seine wenigen Straßen und vielen Gassen mit dem enggedrängten Leben der Bewohner, seine Inseln mit den blühenden Gärten, über denen der italienische Himmel mit den tausend Wasserreflexen des funkelnden Sonnenlichts lebendiger, und mit dem Zauber einer warmen Mondnacht geheimnisvoller als irgendwo auf dem Festland leuchtet. Und dann die süße Poesie des ruhenden und flüsternden Wassers selbst, von dessen endloser Fläche man draußen die zahllosen Türme der Stadt, die Paläste wie eine Fata Morgana aus Schilderungen des Orients auftauchen sieht, — das drinnen aber gegen uralte Mauern verschlossener Häuser und unübersteiglich umschirmter Gärten, in malerischen Gassenwinkeln bedeutsam murmelt und gluckst, als erlausche es etwas und wolle uns heimlich auf eine ganz nahe verborgene Schönheit aufmerksam machen. — — Dazu schmiegt sich in die Meerpoesie der Lage fast seltsam und mit dem Odem eines starken Gewürzes vom sonnenglühenden Osten der Charakter der Stadt, wie ihn die Menschen in vielhundertjährigem Schaffen herausgebildet haben. Byzanz und Arabien außen und innen. Bis zum Quattrocento, in dem die handeltreibende Adelsrepublik das nahe Festland erwarb und italienisch zu werden begann, ist Venedig nur ein Handelsvorort von Byzanz; wie seine riesigen Flotten

1*

zwischen dem Adriatischen Meer und dem Bosporus ruhlos hin- und herzogen und alle Schätze des Ostens von der Krim bis zum Indus und zu den Pyramiden in den Warenhäusern an den Kanälen aufstapelten, so verknüpften sich alle politischen und persönlichen Interessen Venedigs mit dem Osten. Zu die byzantinisch strengen Formen der ältesten Bauten fügten sich bald die phantastischen Labyrinthe des graziösen arabischen Kunststils, — mit indischen Waffen, asiatischen Teppichen schmückten sich die großen Säle der fürstlichen Behausungen; die Ornamentsprache der Prunk- und Gebrauchsgegenstände war östlich, und die eigene venetianische Kunst mit dem Glasmalereistil des nahen Murano hatte noch den strengsten byzantinischen Charakter, als im übrigen Italien längst die wiedererwachte Antike ihren Eroberungszug wandelte. — — Und schließlich sind es diese Menschen selbst, welche in allem ihrem Thun und ihrem Wesen ein hochpoetisches Bild von der menschlichen Entwickelungsfähigkeit geben: diese nüchternen Kaufleute und kühnen Seehelden, die als Patrizier in strenger Geschlossenheit der Adelsdespotie eine fast orientalische Herrschaft über ihre Stadt ausübten, sie unter strengster Selbsterziehung der eigenen Mitglieder zu einer viele Jahrhunderte hindurch währenden Weltmacht erhoben und kolossale Reichtümer aufhäuften, — diese thatkräftigen Patrizier, welche durch die strengste Polizeibevormundung sowohl den Freiheitstrieb der Bürger als die beim Italiener so leicht in wilde Leidenschaft ausartende Sinnlichkeit in Schranken hielten, aber dafür auch diesem Volk durch eine in der Geschichte geradezu einzige Fürsorge in Bezug auf ihr materielles Wohl einen Frohsinn schufen, der im Wiederhall bei den großen Geistern des Volks jene Thaten und Werke hervorrief, welche wir heute bestaunen. Der venetianische Nobile, — dieser thatenlustige Kapitän, dieser scharfrechnende Kaufmann, dieser feine Kunstkenner und Liebhaber, dieser großartige Volkswirtschaftler, Staatsmann und Diplomat, dieser wissenschaftlich gebildete freie Geist und verschlagene Genußmensch großen Stils, der trotz seiner großen Frömmigkeit, klüger als alle übrigen Italiener, den Gefahren hierarchischer Eingriffe energisch vorbeugte, ist im Quattrocento und Cinquecento ein Meisterwerk an innerer Kraft und vollkommenster Erziehung, wie man es sonst nur vereinzelt, nicht aber wie in Venedig als durchgängige Erscheinung findet. Das frohsinnige Volk der Beherrschten daneben aber, das wir in seinen überlieferten Erzählungen so ansprechend kennen lernen, — dessen Liebesleben in seinen zärtlich-leidenschaftlichen Liedern einen so sympathischen Eindruck hervorruft, — wie imponierend steht es in seiner praktischen Tüchtigkeit und seinem in dem ausgebildetsten Zunftwesen sich äußernden Gemeinsinn vor uns, wenn wir erfahren, daß dank einer ausgedehnten Sorge für alle Zunftmitglieder Ende des XVI. Jahrhunderts bei einer Volkszählung sich unter etwa 90 000 Venetianern nur 187 Bettler, also Arbeitslose und Elende, befanden. Volkswirtschaftliche Probleme, an denen die Gegenwart herumratet, haben die alten Venetianer längst gelöst, ohne daß die Thatkraft oder der erworbene Besitz des einzelnen Begünstigten davon geschmälert worden ist. Mir scheint, als liege gerade an diesem, bisher kaum beachteten Punkt eine Erklärung, warum die Venetianer im Cinquecento eine von der vorgängigen durchaus verschiedene Kunstweise großen Stils schaffen konnten, mit der die ganze moderne Kunstbewegung anhebt: ihr eigenartiges **Wesen, — die zauberhafte Gefühlskraft, — ist der Wiederhall des frohsinnigsten und glücklichsten Volks von Europa.** — — —

Mit dem Jahre 1500 tritt die lange vorbereitete Blüte der venetianischen Kultur hervorstechend in die Erscheinung. Angesichts des Vordringens der Türken nach Europa hatte die weitsichtige Signorie ihre Kolonialpolitik beschränkt, auf dem Festland von Italien breiten Fuß gefaßt und mit den Bruderstämmen zahlreiche, geistig zurückwirkende Beziehungen geknüpft. Im Jahrhundertbeginn noch auf der politischen Höhe, hatte Venedig in ihm die furchtbarste Gefahr während seiner ganzen Selbständigkeit zu bestehen: den Kampf gegen die 1508 geschlossene Liga von Cambrai, d. h. gegen Frankreich, Deutschland, Spanien und den ein Jahr später hinzugetretenen Papst Julius II. Venedig sollte vernichtet werden, — es blieb dank seiner Klugheit, seiner Volkskraft, seiner ungeheuren Mittel thatsächlich und moralisch Sieger, aber es erhielt in diesen Kämpfen einen Stoß, von dem es sich nicht wieder erholte, trotzdem glänzende Siege auch weiterhin im Jahrhundert seine Lebensfülle bewiesen. Der Zusammenbruch des byzantinischen Kaiserreichs unter den Türkenscharen und die Entdeckung Amerikas, welche dem Welthandel fortab eine andere Richtung gaben, waren dazu die fressenden Schäden am Lebensmark der Republik. In dieser Zeit des politischen Stillstandes, des ruhigen Genusses von den erworbenen Reichtümern, des gesteigerten Interesses für die Umgebung, für geistige Beschäftigung, für Kunst, Poesie, Humanismus, für die ihrem Grabe entsteigenden Schöpfungen der hellenischen und römischen Antike sprießt die reiche Blüte einer ganz eigenartigen Kunstweise aus den Wurzeln des Quattrocento empor, — blüht in Padua auch die venetianische Wissenschaft unter berühmten Gelehrten, die unter oft fürstlichen Gehältern gewonnen wurden, unter solchem Ruf auf, daß zeitweilig 18 000 Hörer aus aller Herren Ländern sich dort versammelt haben sollen. Die Geistesfreiheit, welche durch die Verfassung der Republik gewährleistet war, schuf verfolgten Geistern und Bahnbrechern aller Art in Venedig ein ruhiges Asyl, — die Musenhöfe einzelner Großen wie derjenige zu Asolo der verwitweten Katharina Cornaro, die ihr Königreich Cypern an die Republik abgetreten, — die Akademien mit ihren Kreisen gleichgesinnter Gelehrten, Dichter, Künstler würzten das vornehme Leben, verfeinerten die Sitten, weckten den Kunstsinn und das nationale Bewußtsein, — das Selbstvertrauen des Individuums wuchs unter dem satirisch-ironischen Zug, der in diesem Zeitalter der Aretino, Rabelais, der Übergangsdichtung eines Tasso, Cervantes durch die Litteratur ging. Freilich gewann die Moral in diesem Jahrhundert der großartigen Umgestaltung alter Anschauungen und strenger Sitten nicht, aber das ist die Kehrseite jeder großen Kulturepoche, und einstweilen war der Verfall noch nicht so bedenklich, als er sich später kundgab.

Abb. 2. Bildnisstudie. Paris. Louvre.
(Nach einer Originalphotographie von Braun, Clément & Cie. in Dornach i. E., Paris und New York.)

Die Farbenkunst, welche diese bilder- und farbenreiche Örtlichkeit mit ihrer eigentümlichen Poesie, — diesen hochbegabten, in wilder Schönheit sich auslebenden Menschenschlag, — seine Thaten, Geschicke, die Sphäre seiner eigentümlichen Stimmungen voll heißer und schwüler, lange verhaltener Leidenschaft verherrlichen und der letzte bedeutende Ausklang der großen italienischen Bewegung zwischen Mittelalter und Neuzeit werden sollte, hat ihre nächste Quelle in dem großen Quattrocentisten Giovanni Bellini, der den Byzantinismus und die Mantegneske kühn zerbrach und sich andachtsvoll in die milde Schönheit eines halb religiösen, halb weltlichen Empfindungslebens versenkte. Mit Bellinis gedämpften und stillraunenden Farbenakkorden fängt der venetianische Kolorismus an, die Fesseln der Linie, der Kontur abzuwerfen, die Lokalfarben zu brechen, im Gesamtton wie in jeder einzelnen Tonfläche mit eminenter Feinfühligkeit etwas zum Ausdruck zu bringen, was die Festlanditaliener noch gar nicht kannten und viel später erst von Tizian lernten: mit Ton und Farbe geheimnisvoll tiefe, weiche und ausdrucksvolle Stimmungen zu erreichen. Bei Bellini eigentlich zuerst trat mit dämmerndem Ahnen einer neuen Anschauungsform das richtige Malerbewußtsein an die Stelle des bisher herrschenden des kolorierenden Zeichners und Komponisten. Der äußere Anlaß dazu war, wie bei fast allen Neubildungen, zunächst ein technischer. In den 1470er Jahren war der ausgezeichnete Bildnismaler Antonello da Messina nach Venedig gekommen, und seine haar-

Abb. 3. Allegorische Frauenfigur. Lille. Museum.
(Nach einer Originalphotographie von Braun, Clément & Cie. in Dornach i. E., Paris und New York.)

scharfe Art, das Menschengesicht zu sehen, hatte ebenso Aufsehen gemacht als die vollkommen neue Technik der Ölmalerei, die er angeblich noch in der Werkstatt des Jan van Eyck zu Brügge, wahrscheinlich aber in Neapel an vlämischen Gemälden erlernte. Mit dem behenden Spürsinn, der die Venetianer in ihren besten Zeiten stets ausgezeichnet, erkannte Bellini die Tragweite dieser Technik und ihren Vorteil vor der bisherigen mühseligen Temperamalerei in Bezug auf Schnelligkeit wie Haltbarkeit gegenüber den fressenden Salzausdünstungen der Lagunen. Er erlernte sie noch trotz seines hohen Alters. Nach einer unverbürgten Anekdote soll er in der Verkleidung eines Patriziers sich von Antonello haben malen lassen, um ihm während der Arbeit die Behandlungsweise der neuen Manier abzugucken. Mit dieser Technik konnte sich der Kolorismus von Venedig jetzt in seiner besonderen Art entfalten und jene Stimmungswelt schaffen, die so charakteristisch für den genius loci der Markusstadt ist. Rings um Giovanni Bellini freilich herrschte in der Kunst noch ein byzantinischer Zug zu nüchternem Prunk und realistischer Darstellung des venetianischen Lebens, wie bei Carpaccio, M. Basaiti, Luigi Vivarini, Carlo Crivelli, Cima da Conegliano u. a., — aber schon in seinen drei bedeutenden Schülern Giorgione, Tizian, Palma Vecchio kommt jene märchenhafte Stimmungsseligkeit, jene außerordentlich starke künstlerische Sinnenkraft mächtig zum Durchbruch, die mit Venedigs Blüteperiode verknüpft bleibt. Es ist kein bloßer Zufall, daß der viel zu früh in blühender Jugend gestorbene Giorgione ein virtuoser Lautenschläger war. Denn dieser venetianische Kolorismus der Blütezeit ist musikalischer Natur, — er bietet wie die Tonkunst dem Ver-

Abb. 4. Allegorische Frauenfigur. Lille. Museum.
(Nach einer Originalphotographie von Braun, Clément & Cie. in Dornach i. E., Paris und New York.)

Abb. 5. Handzeichnung: Ruhe auf der Flucht. London. Britisch Museum.
(Nach einer Originalphotographie von Braun, Clément & Cie. in Dornach i. E., Paris und New York.)

stande wenig, — aber er bethört mit seinen heißen Pulsen, seinen geheimnisvollen Dämmerungen, seinen stillen Leidenschaften jede empfängnisfrohe Seele. Giorgione entdeckt mit ihm den Stimmungswert der Landschaft, der menschlichen Existenz, — er begründet den monumentalen Stil einer empfindungsmäßigen, einer von Grund aus malerischen Weltauffassung. Seine in jedem Ton rätselvolle und vom Schweigen mystischer Stimmungsversunkenheit erfüllte Kunst ist von einem unwiderstehlichen und dazu einem eigenartigen Zauber, wie er und Böcklin als die einzigen in der Kunstgeschichte ihn zu wecken verstanden. — Sein Zeitgenosse Palma der Ältere fand seine Freude darin, die mit Recht wegen ihrer Schönheit berühmten Frauen von Venedig zu konterfeien; freilich nicht die vornehmen, sondern die verführerischen Töchter der Lebensfreude, an denen jene üppige Stadt so reich war. Auch bei ihm ist der sinnliche Zug unrealistisch, — er malt nicht was er sieht, sondern was flüsternde Träume und Erinnerungen an einmal Gesehenes ihm vorgaukeln, — alle Reize des schönen Weibes, die aus der Ferne schimmern und locken; er wäre verderbt, wenn sein Temperament nicht so kühl wäre. — Der Höhepunkt dieser Blüte aber ist Tizian, der Bellini, Palma, Giorgione und den 1506 in Venedig anwesend gewesenen Albrecht Dürer in sich aufnahm, ehe er zu später Reise kam. Alle Farbenwunder, welche die Welt von Venedig, die Meerfluten, die nahe Landschaft bieten, — alle heißen, edlen wie verderbten Stimmungen, welche in der Seele des Cinquecento-Venetianers vorherrschen und sich so eigenartig und rätselvoll in allen Winkeln seiner Stadt und allen seinen Schöpfungen abdrückten, verklären sich bei Tizian zu würzigen Farbengebilden voll glühender Lebenslust. Der religiöse oder mythische Stoff, die Landschaft, der Einzelmensch verlieren bei ihm ihre objektive Berechtigung und werden zur Nebensache, — man spürt deutlich, daß dem bedeutendsten Maler dieser im Geist kritisch-ironischen Zeit der naive Glaube an das Göttliche, an die Kraft seiner Intentionen, an die Majestät hoher Ideen und ihre Unzerstörbarkeit abhanden gekommen ist, — er nimmt weder die Menschheit noch die Venetianer ernst, sondern nur die Kunst des entflammten Augenblicks. — Ursache, Zweck und Ende der Kunst wird ihm der Accord tiefer und komplizierter Farbenmischungen, und darin hat er den unsichtbaren genius loci der Markusstadt mit seinen fiebernden Sinnen ganz erstaunlich getroffen.

Diese Kunst ist capuanisch und trägt bereits alle Merkmale des verweichlichten Verderbs in sich, wie Tizian als Mensch ja selbst in seinen höheren Jahren von Charakter verderbt war, nachdem der Tod seiner Gattin ihn des festen Halts beraubt hatte. Der Nervenreiz hat in ihr das Übergewicht bekommen. — Capuanisch wird das venetianische Leben im Laufe des XVI. Jahrhunderts mehr und mehr. Kühne Großthaten und gewaltige Neuerungen hat die Geschichte der Stadt nach den Kämpfen mit der Liga von Cambrai nicht mehr zu verzeichnen, — sie erhielt nur das Alte, mehrte ruhig den vorhandenen Reichtum, lenkte ihre Lebenskraft auf den üppigen und geistvollen Sinnengenuß und schuf das Leben des Einzelnen zu einem

Abb. 6. Marter der heiligen Justine. Florenz. Uffizien.
(Nach einer Originalphotographie von Braun, Clément & Cie. in Dornach i. E., Paris und New York.)

wonnig erwärmenden Kunstwerk. Über alle Maßen prächtig war die Stadt geworden, ein Sinn für Prunk war erwacht, der in diesem Verständnis und diesem Umfang zugleich einzig geblieben ist; der edelgeborene Lagunensohn wußte mit einer Durchtriebenheit ohnegleichen alle Künste, Wissenschaften, alle Methoden der Erziehung zu Schönheit und Vollkommenheit auszunutzen, um das Leben zu einem einzigen sonnigen Festtag ohne Augenblicke der Ermüdung und der Langeweile zu gestalten. Nirgends gab es schönere, gebildetere, kunstsinnigere, elegantere, frohere Menschen in solcher Überfülle als in Venedig, wo Regel war, was anderwärts als Ausnahme und Vorzug galt! Die Stadt und das Leben in ihr war ein Märchen. Aber dieser Lebensgenuß untergrub die Energie: es ist bezeichnend und fast sonderbar, daß nicht einer der bedeutenden Künstler von Venedigs Kulturblüte Venetianer von Geburt ist, -- vielmehr alle vom Festland mit den unverbrauchten Nerven und ungeschwächten Gehirnen der Provinz nach dem Lagunen-Capua gezogen kommen, die bunte Welt dort in sich aufnehmen, verarbeiten und ihren Anteil an der venetianischen Kunstepoche hervorbringen. Selbst derjenige Maler, welcher noch unter den Augen des greisen Tizian und voll von seinem koloristischen System um die Mitte des XVI. Jahrhunderts bei den Quattrocentisten Carpaccio, Cima, Basaiti und ihrer realistischen Darstellung des alten Venedig mit seinen strengen Sitten und seinem gebundenen Stil wiederanknüpfte, in einer Fülle der farbenprächtigsten Werke einen Schritt weiter als Tizian gehend dies cinque-

Abb. 7. Damenbildnis. Florenz. Palazzo Pitti.
(Nach einer Originalphotographie von Braun, Clément & Cie. in Dornach i. E., Paris und New York.)

Abb. 7. Jesus und der Hauptmann von Kapernaum. Dresden. (Nach einer Originalphotographie von Franz Hanfstängl in München.)

Abb. 9. Jesus unter den Schriftgelehrten. Madrid.
(Nach einer Originalphotographie von J. Laurent & Cie. in Madrid.)

centistische Venedig in seiner vielartigen Physiognomie, seinem schäumenden Leben, dem Märchenglanz seiner Existenz verherrlicht hat und Venetianer in jedem Pulsschlag scheint, ist ein Festland-Italiener. Paolo Caliari, die letzte bedeutende Erscheinung der Blüte Venedigs und sein monumentaler Zeit- wie Sittenschilderer, stammt aus Verona, — und er war schon Mann, als er zum erstenmale die Lagunenstadt betrat.

* *

Übermütig und von virtuosem Selbstgefühl in Leben und Werken erfüllt, war die Zeit der Spätrenaissance durch das übernommene reiche Erbe in künstlerischen, wissenschaftlichen, politischen Dingen; sie verlor darum vielfach den richtigen Maßstab, gab in unruhiger Überhastung viel auf äußeren Erfolg, wenig auf stilles Wachsen, — sie hatte das Sensationsbedürfnis der Übersättigung und mußte für jeden Tag ihren eben entdeckten großen Mann oder einen Mord oder ein Skandälchen oder eine exotische Gesandtschaft haben, — und es wurde viel Eselshaut mit solchen Dingen beschrieben. Es ist sehr viel Überflüssiges aus diesen Tagen von Venedigs Glanz überliefert, — sonderbarerweise vom Leben des venetianischen Adolf Menzel, des Veronesen Paolo Caliari, der durchaus eine glänzende Gesellschaftserscheinung war, so wenig, daß

es fast gar nichts zu nennen ist. Es geht uns mit ihm wie mit Holbein und Lionardo. Klare, abgekantete Persönlichkeiten mit einer ausgeglichenen Kunst, durch die hindurch man jeden Charakterzug des Schöpfers erkennen zu können glaubt, — ein Wandeln über Höhen der Zeit und Berühren mit den vornehmsten und bedeutendsten Zeitgenossen — und trotzdem ein Dunkel über Leben und Charakter des Menschen, daß nur die beflügelte Poetenphantasie sich vorzustellen vermag, wie es mit ihm bestellt war. Wir wissen von Veronese ein paar Daten, ein paar Thatsachen, wenige Anekdoten und ein paar Züge von seiner Art, die sich mit dem decken, was man aus den Werken ohnehin herauslesen kann, — das ist aber auch fast ihre einzige Beglaubigung. Dieser vornehm angehauchte und mit vielen Nobiles von Venedig befreundete Künstler muß sehr zurückgezogen gelebt und die Kunst, sich durch Litteraten und Mittelsleute in Scene zu setzen, — wie es Raffael so gut verstand, — entweder verachtet oder nicht verstanden haben. Selbst der schwatzhafte Vasari weiß von ihm nicht viel, und was er weiß, ist falsch oder höchstens halbwahr. Man ist bei ihm auf das lustigste Konjekturalverfahren angewiesen. Nun hat Veronese eines der zahlreichsten Gesamtwerke hinterlassen, und das könnte für das Dunkel über seinem Leben einigermaßen entschädigen, wenn hier nicht eine sehr erhebliche Ungewißheit herrschte. Die Kunst der Spätrenaissance ist noch nicht allseitig und mit Methode durchgearbeitet, — man hört immer geschrieben und morgen dafür drei andere ab. Die Veronese-Kritik ist da der Künstler bei seinen vielen Aufträgen eine große Werkstatt hielt, besonders unbarmherzig gewesen. In

Abb. 10. Der Raub von Sodom. Paris, Louvre.
(Nach einer Originalphotographie von Braun, Clément & Cie. in Dornach i. E., Paris und New York.)

bei den Größten auf; kommt ein Specialkenner dann über einen der Späteren her und studiert sorgfältig sämtliche Originale, so geht es dann wie in einem Kontobuch zu: heute wird dem Meister ein Werk zu- verhältnismäßig wenigen Jahren ist das zuverlässig echte Veronese-Werk auf einen Bruchteil zusammengeschmolzen. Von einigen zwanzig Veroneses in der Dresdener Galerie gelten nur noch vier (Abb. 67, 68, 73, 77),

Abb. 11. Die Verkündigung. Florenz. Uffizien.
(Nach einer Originalphotographie von Braun, Clément & Cie. in Dornach i. E., Paris und New York.)

von mehr als ein Dutzend Münchener Werken noch zwei, von der großen Zahl der Dogenpalast-Malereien in Venedig etwa sechs bis acht als zuverlässig echt, während das übrige der Schule zugeschrieben wird. In Madrid, Wien und den italienischen Galerien ist's gerade so, und nicht selten wird man bei der Nachprüfung zum Widerspruch gegen einzelnes Absprechen gedrängt. Der Dresdener Daniel Barbaro z. B. ist nach meiner, Wörmann beipflichtenden Ansicht Veronese wieder zuzuschreiben, da die ausgezeichnete Behandlung der Hand auf den Meister selbst weist, wenn auch das Bildnis sonst nicht sehr bedeutend ist. Je mehr aber aus dem Wust des Ungleichwertigen die besten Schöpfungen des Künstlers zusammenrücken, um so anziehender und berückender wird seine Physiognomie, — wir erkennen in diesem Schützling von Tizian, Sansovino und Sanmichele, dem Freunde von Palladio, Alessandro Vittoria und den vornehmsten Aristokraten, wie der Barbari, Pisani, Contarini eine jener begnadeten Existenzen, die in schmetterlingshaftem Gaukeln durchs Leben mühelos ein bestechendes Werk nach dem anderen schaffen und höchste Anmut mit jener glücklichen Oberflächlichkeit verbinden, die den Schöpfer vor Qual und Sorgen schützt und allezeit ein unsterbliches Echo bei der Menschheit gefunden hat. Er besaß dasselbe gottgesegnete Naturell wie vor ihm Raffael und nach ihm Mozart, und auch er war in leichter Vollkommenheit ein heiterer Liebling der Grazien und Musen. Dazu war er weltklug, denn er schrieb keine Briefe, und nur ein einziger ist durch Zufall erhalten und bei Guhl abgedruckt. Er wußte auch, warum er nicht schrieb und gegen die Welt zurückhaltend war. Aus einem Inquisitionsprotokoll von 1573, auf das noch zurückzukommen ist, geht nämlich unzweideutig hervor, daß Veronese ziemlich ungebildet und geistig unbehilflich war. Die Muse hatte ihre Gaben bloß auf sein Auge und seine Hände beschränkt. Das macht es vielleicht auch erklärlich, warum der scharfsichtige und so eifersüchtige Tizian diesem aus Instinkt zurückhaltenden Kollegen wohlgesinnt war und ihn förderte, — er fürchtete diesen befangenen Kopf nicht. Was man sonst von Veronese weiß, nimmt für ihn ein: er war brav, ehrlich, freimütig, von starkem Familiensinn, sparsam, bescheiden, warm, ritterlich). Unter den anspruchsvollen, eifersüchtigen und vielfach tückischen Künstlern des schon etwas versumpften Venedig von 1550 bis 1590 ist er sicher die erfreulichste Gestalt . . .

Paolo Caliari, von seinem Geburtsort il Veronese genannt, ist 1528 zu Verona, als fünfter Sprößling von acht, dem Bildhauer oder Steinmetzen Gabriele Caliari geboren. Seine Jugend ist datenlos. Frühe Gabe offenbarend soll er das väterliche Handwerk bei Giovanni Careto erlernt haben und zwar mit überraschendem Erfolg. Sein Oheim mütterlicher Seite war der geschickte Maler Antonio Badile, und dieser ist vielleicht Ursache gewesen, daß sich beim Knaben bald Malersinn regt und er nach augenscheinlichen Beweisen einer stärkeren malerischen Begabung zu ihm in die Lehre kommt. Er wird urkundlich in den Veroneser Stadtlisten von 1541 als Schüler im Hause seines damals anscheinend unbeweibten Oheims angeführt. Von der Überlieferung ist verbreitet, daß er u. A. alle Stiche von Dürer, deren er habhaft werden konnte, nachgezeichnet haben soll. Das ist außer der Schöpfung von zwei Frühwerken vor seiner ersten Wanderung alles, was man weiß, und beweist eine ganz programmmäßige Malerjugend. Daraus, daß Paolo einer Künstlerfamilie entstammt, Vater und Oheim thätig waren, und sein Nachbildungstrieb sich früh regte, — daß er schon nach Sprossen des ersten Bartwuchses in seiner Vaterstadt eine sehr bemerkte Künstlererscheinung wurde — und wie über seinem gesamten Werk späterhin — so noch reiner über den ersten ein Hauch unsagbar frischer Jugend liegt, dürfen wir mit Recht schließen, daß das Leben im Elternhaus wie beim Oheim, dessen Lieblingsneffe der angehende Kollege natürlich war, herzlich und warm gewesen ist. Er muß eine goldene Jugend verlebt haben. Wessen Kindheit gedrückt, freudlos, voll unerfüllten Sehnens ist, dem ist der Blütenstaub von der Seele fürs ganze Leben gestreift, — Veronese aber hat ihn bis an sein Ende als Arom seiner Kunst behalten. — Der empfängliche Knabe muß auch früh von seiner Umgebung geistig angeregt sein und seiner Phantasie durch starke Eindrücke von außen jene Schwungkraft erworben haben und jenen Reichtum an Vorstellungen, die ihm seine mangelhafte Geisteserziehung nicht geben

Abb. 12 Christus und die Ehebrecherin. München.

Abb. 13. Die heilige Familie mit der heiligen Therese und der heiligen Katharina. Brüssel.

konnte. Diese Eindrücke wird Verona selbst verursacht haben. Anselm Feuerbach hat in seinem „Vermächtnis" eine reizende Skizze im Telegrammstil gegeben, aus der Verona uns mit seiner Stimmung entgegentritt:

„Jetzt Verona; Frauen mit schwarzen Schleiern, römisches Theater. Die Etsch, ein wildes gelbes Wasser, wälzt sich mitten durch die Stadt. Der Platz dei Signori, eine stille trauernde Pracht, dabei heimlich und klein wie ein Zimmer."

Mit drei Dutzend Worten läßt sich der Vergangenheitshauch über einem traumhaften Ort gar nicht köstlicher beschreiben. Verona ist eine sehr alte, malerische Stadt mit interessanter Geschichte; einer Amphitheaterruine aus der antiken Zeit und Hausfassadenmalereien. Zudem war das Kunstleben reich

Abb. 14. Kreuzabnahme. Paris. Louvre.

und von Bedeutung, und Künstler wie Domenico Brusasorzi, Antonio Badile, Tullio India, Paolo Farinato, Liberale da Verona, Bonifazio Veronese, Girolamo da Libri, Cavazzola, Francesco Morone standen in ihren Werken zum Teil auf einer Höhe, die den provinziellen Wirkungskreis überragten. Über den Jüngeren von ihnen liegt der Farbenduft von Venedig, dessen Schöpfungen als die örtlich nächsten ihnen vorbildlich waren. Sogar ein Prachtstück der Lagunenkunst, Tizians Himmelfahrt Mariä, befand sich seit Mitte der 1530er Jahre im Veroneser Dom. Zu diesem starken malerischen Eindruck von der Heimat kam der hochpoetische der Überlieferung, und der ist vielleicht für den Knaben Paolo noch wichtiger geworden. Die dynastischen Kämpfe der Scaliger mochten ihm als Stadtgeschichte ebenso eingepaukt sein, wie das Andenken großer Söhne von Verona, z. B. des Litteraturarchitekten Vitruv, des Dichters Catull, des Geschichtsschreibers Cornelius Nepos. Noch stärker aber müssen auf ihn jene Lokalsagen und Erzählungen gewirkt haben, die in Verona überall umliefen. Wie die eben genannten drei Söhne der Stadt im Altertum die bedeutende litterarische Darstellung gemeinsam haben, standen auch die Veroneser im allgemeinen seit alter Zeit im fest begründeten Ruf, „fast alle herrliche Erzähler zu sein". Von den beiden berühmten Liebesthemen des italienischen Mittelalters, „Francesca von Rimini und Paolo," sowie „Romeo und Julia" stammt das letztere aus Verona und wurde 1524 von dem venetianischen Reiterhauptmann Luigi da Porto niedergeschrieben; nach seiner

Angabe hat er die wundersame Geschichte, die Shakespeare durch sein Drama seitdem in alle Welt trug, 1510 mitten in den gefährlichen Kriegswirren mit Maximilian von einem veronesischen Bogenschützen gehört, den er wegen seiner nationalen Erzählungskunst zur Kurzweil für sich stets in seiner Nähe hielt. — Mag die liebliche Anmut und der Malersinn Veroneses von der äußeren Erscheinung der Heimat und ihrer farbenfrohen Künstlerschule geweckt sein, — die unerschöpfliche Phantasie mit ihren leichten, graziösen, herrlichen Gestalten, das Bedürfnis nach prunkendem Schmuck und breiter wie bunter Darstellung, die bewundernswerte Kunst einer fesselnden und stets belebten Gruppierung sind sein eigentliches Heimaterbe. Giorgione, Tizian, Palma sind subjektive Lyriker, die ihre Empfindung über die Dinge der Außenwelt in schwelgenden Farben wiederklingen lassen, — Veronese ist vollkommener Epiker, — er ist einer der „herrlichen Veroneser Erzähler," — nur daß ihm statt des Wortes und der Schrift zufällig die Malerei das natürliche Ausdrucksmittel ward. In dieser intimen Beziehung zur geistigen Atmosphäre der Heimat liegt der Angelpunkt für das ganze Leben Veroneses. Das nichtssagende Bild von Veroneses unbekannter Jugend kriegt jetzt auch Charakter, — ein nicht lärmender und gern allein bleibender Knabe spielt im Elternhaus mit den Geschwistern und lauscht mit klugem Köpfchen auf die Geschichten der Mutter oder älterer Anverwandter, er zeichnet und tuscht, er lernt hernach mit Riesenfortschritten beim Onkel Antonio, der vielleicht auch voll Schnurren steckte, — immer aber denkt er mit weit offenen Augen an die schönsten Geschichten und figurenreiche Vorgänge. Der Stil eines Menschen wurzelt ja, soviel Erziehung und Schicksale auch daran herumbilden, in den Märchentagen der Kindheit. Allmählich ist denn aus dem Knaben ein Jüngling geworden, dessen Zukunft man viel zutraut, er kriegt ein paar Aufträge und läßt unter seiner Leitung bei den Bestellern oder Käufern einige Madonnenbilder mit dem stolzen Selbstgefühl eines spanischen Granden aufhängen, — man hat ja seine sichere Anweisung auf die Zukunft in der Tasche. Eines Tags meldet sich diese Zukunft. Der kunstsinnige Kardinal Hercules von Gonzaga, ältester Sohn des Mark-

Abb. 15. Studie zu einem Heiligen. Wien.
(Nach einer Originalphotographie von Braun, Clément & Cie. in Dornach i. E., Paris und New York.)

Abb. 16. Heilige Familie. Paris. Louvre.
(Nach einer Originalphotographie von Braun, Clément & Cie. in Dornach i. E., Paris und New York.)

grafen von Mantua (Giovanni Federigo II.), lernt die Erstlingswerke Paolos, welche in S. Fermo und S. Bernardino zu Verona hingen, kennen und, da er ohnehin Veroneser Künstler beschäftigt, zieht er auch den jungen Caliari heran. Der wandert jetzt nach Mantua und soll dort im Dom gemalt und alle seine Nebenbuhler übertroffen haben. Das stimmt aber nicht, denn weder im Dom noch sonstwo befinden sich Arbeiten des jugendlichen Veronesen; er hat also entweder Tafeln gemalt oder die Verbindung mit dem Kardinal hat sich bald zerschlagen, — jedenfalls bleibt er nicht lange bei den Gonzagas. Wenn er jetzt vielleicht auch keine Dukaten und keinen jungen Ruhm nach Hause mitbrachte, so doch die Erfahrung von seinem ersten Ausflug und die Erinnerung an Mantegnas Werke sowie die dekorativen Malereien des Giulio Romano im Palazzo del Te. In der Heimat aber kommt er jetzt bald in Blüte. Er soll zunächst die Casa Contarini daselbst mit monumentalen Malereien geschmückt haben, und dann sind zwei größere Schöpfungen von 1551 in der Nähe von Castelfranco beglaubigt. Die eine davon sind die mythologisch-historischen Fresken in der Villa Soranzo, die in kümmerlichen Resten und auf Leinwand gezogen, sich noch jetzt teils in Castelfranco, teils in England befinden sollen. In gleicher Weise und mit verwandten Themen schmückte er dann die Villa Fanzolo. Es sind Aufträge für einen jungen Anfänger, bei denen es dem Besteller

Abb. 17. Jesus nimmt Abschied von seiner Mutter. Florenz. Palazzo Pitti.
(Nach einer Originalphotographie von Braun, Clément & Cie. in Dornach i. E., Paris und New York.)

mehr auf dekorative Wirkung als auf Kunst ankam, und sie zeigen den jungen Maler denn auch trotz alles unleugbaren Geschicks noch ganz im Fahrwasser seiner Vorbilder in der Heimat, und zwar Badiles wie Cavazzolas, der ihn eine Zeitlang erheblich beeinflußte. Bei diesen Arbeiten wird als Freund und Gehilfe Paolos der vielfach mit ihm verknüpfte Zelotti genannt. Dieser äußerst talentvolle, als schüchtern und weltunläufig wohl ohne Grund geschilderte Künstler soll Mitlehrling des um mehrere Jahre älteren Veronese bei Badile gewesen sein. Jedenfalls ist sein Stil trotz größerer Weichheit dem des Freundes so verwandt, daß namentlich in Venedig viele seiner Arbeiten diesem bisher zugeschrieben sind. Eine Anekdote berichtet, daß vor Veroneses Übersiedelung nach Venedig Todfeindschaft zwischen den Freunden ausgebrochen sei. Zelotti soll aus Neid gegen den Erfolg des jungen Meisters diesen überall verleumdet haben, bis er von dem Geschmähten dann in Verona auf offener Straße gestellt wurde. Als Zelotti auf die Vorhaltungen Veroneses mit Schimpfworten antwortete, soll dieser voll Jugendhitze den Degen gezogen und auf den Freund losgegangen sein. Die Furcht vor Strafe wäre dann die wahre Ursache zu einem Entweichen des Beleidigten nach Venedig gewesen. Das ist sehr wahrscheinlich müßige Erfindung. Denn die beiden jungen Künstler haben später noch wiederholt zusammengearbeitet, als Caliari in seinem jüngeren Bruder Benedetto, seinem Architekturmaler und Perspektiviker, wahrscheinlich schon lange eine brauchbare Hilfskraft besaß. Zog er Zelotti trotzdem heran, so deutet das auf eine ungetrübte Freundschaft zwischen beiden, die gemeinsam hochgekommen waren. — Anfang der fünfziger Jahre waren diese Früharbeiten in Soranzo und Fanzolo beendigt. Veronese mochte fühlen, daß es jetzt Zeit sei, eine größere Bühne zu betreten, wo er seine Kraft erfolgreicher als in der Provinz bethätigen konnte, — das Genie und das starke Talent hat ja immer den geheimen Drang zur Eroberung einer führenden Stellung in seinem Beruf und nur wenige vermögen ihn zu unterdrücken. 1555, in seinem siebenundzwanzigsten Lebensjahr, zog Veronese nach Venedig, das er fortab nur vorübergehend verlassen sollte, und stieg dort in mehr als dreißigjähriger Wirksamkeit leicht und lächelnd zu glänzender Höhe auf. — —

Veronese betrat die Lagunenstadt zur Zeit des äußerlich glänzendsten Aufschwungs. Kolossale Reichtümer waren angehäuft, der Sinn für Ceremonie durch eingedrungene spanische Sitten noch gesteigert, das Kunstinteresse durch Tizians Weltruf sowie seine und seiner Zeitgenossen Werke in früher nicht gekannter Weise entfesselt und für Kirchen und Kapellen, wie Paläste, zur größten Opferwilligkeit entflammt. Das Gefallen an Farben, kostbaren und schönen Stoffen, kunstgewerblichen Gegenständen, an den glänzendsten Festen, an frohsinnigstem Lebensgenuß wuchs von Jahrzehnt zu Jahrzehnt und hatte jene liebenswürdige Üppigkeit im Gefolge, die noch nicht lasterhaft ist und deshalb einen verführerischen Schimmer über ihre Jünger gießt. Das venetianische Leben war ein einziger sonniger Festtag, an dem kein Mißton in die aufjubelnde Seele hineinklingt. Es gab große Patrizierklubs, wie die Compagni della Calza, welche es als unermüdlich betriebene Aufgabe betrachteten, wahre Wunderfeste zu veranstalten und das Vergnügen zu einer Art von Kunst zu erheben. Selbst in die kirchlichen Ceremonien griffen sie mit der Bereicherung und künstlerischen Erhöhung der Handlungen ein. Das Theater entwickelte sich rapide, — neben die derbe Volkskomödie traten die scenischen Spiele der Vornehmen, die Posse auf, zu denen die Musik in immer innigerer Berührung sich gesellte, — und Tintoretto, Vasari, Zuccari, Palladio, Sansovino bauten Spielhäuser und malten sie aus. Zu lebensfrisch aber war dieser Menschenschlag, als daß die Üppigkeit die Schätzung der edlen Lebenszierden untergraben hätte. Die Gelehrsamkeit wurde gepflegt und so geachtet, daß der Doktortitel dem Nobile einen Ehrensitz im Rat und andere Auszeichnungen verschaffte. Nicht minder reich entfaltete sich die Kunstpoesie im Stile Petrarcas, und der kurz zuvor verstorbene Kardinal Bembo, der sich die poetischen Sporen in seiner Jugend am Hofe der lebensfrohen Königin Catharina Cornaro zu Asolo erworben, war hier das Haupt der Navageri, Castaldi, Veniero, Molino, Zane, Capello und anderer gewesen, zu denen sich dichtende Frauen wie die Gasgare Stampa gesellten. Freilich war diese Kunstdichtung gespreizt und leer, aber sie war bei den Vornehmen gerade wegen ihrer konventionellen Art beliebt. Von stärkerer Individualität war nur der freche Witzling Aretino mit seinen Komödien. Aber die Leute verstanden einen schönen Schein um sich zu verbreiten. Sie, Sansovino, der geistvolle Dialogdichter Sperone Speroni, Bernardo Tasso bildeten mit Gelehrten gerade wie die Maler sogenannte Akademien, tafelten oft bei irgend einem von ihnen, einem reichen Patrizier oder ergingen sich in hochtönenden Gesprächen in den herrlichen Gärten der Insel Murano, „wo Rosen und Lorbeer bedeutungsvoll wuchsen". Trotzdem aber die offizielle Litteratur erstarrt und formelhaft war, ist die venetianische Poesie dieser Zeit nicht belanglos: ihr Bestes lebte in der Volksdichtung der Erzähler an der Riva, in jenen reizenden Novellen, die, wenn auch entstellt und verändert, noch nach zweihundert Jahren lebendig waren und uns in einer kleinen Auswahl durch Gaudy uns überliefert sind. Das niedere Volk dichtete und sang dazu heiter seine Ritornelle, denn es war sorgenlos und daseinsfroh, wie kaum jemals eine Epoche es gekannt hat.

Am buntesten indessen gruppierte sich die Künstlergenossenschaft, in deren Wirken das Höchste lag, was dies Jahrhundert von Venedigs Blüte hervorgebracht. Tizian war das unbestrittene Haupt, neben dem die Architekten Sammichele, Sansovino, der Bildhauer Alessandro Vittoria, von den Ma-

Paolo Caliari gen. Veronese.

lern Paris Bordone, der gerade hoch kommende Tintoretto, Orazio Vecelli, der zweite und dritte Bonifacio in erster Linie das hes Ansehen, und die sonst so eiserne und eifersüchtig auf ihr Ansehen bedachte Signorie verhätschelte sie und ließ sich von

Abb. 18. Krönung der Maria. Venedig. S. Sebastian.

Feld beherrschten. Nach dem venetianischen Zunftsystem der Malerkaste zugehörig und vor Gesetz und Herkommen der „vielgeliebte Bruder und Kollege" jedes Anstreichers, genossen diese Künstler in Wirklichkeit ein ho- Tizian Unglaubliches gefallen, — sein Weltruf, seine Freundschaften mit Karl V und Philipp II, mit vielen oberitalischen Fürsten imponierten ihr nicht weniger wie seine Kunst. Auch diese Künstler hatten, wie

26   Paolo Caliari gen. Veronese.

Abb. 19. Das Kreuz von Heiligen und Engeln umgeben. Tuschzeichnung. Mailand.
(Nach einer Originalphotographie von Braun, Clément & Cie. in Dornach i. E., Paris und New York.)

uns Molmenti, dessen prächtiger Schilderung wir hier folgen, überliefert hat, ihre Cirkel, und die Gelage in Tizians reizendem Hause in der Straße bei Biri, von dessen Loggia man die Friauler Berge erblicken konnte, hatten ihren Ruf. Wenn Camillo, Priscianese, Sansovino, Aretino, Zuccati, der Geschichtsschreiber Jacopo Nardi, denen sich oft schöne Frauen wie Paola Sansovino, Giulia di Ponte zugesellten, hier zusammenkamen, dann wandelten sie in erhabenen Gesprächen durch den reizenden Garten oder kritisierten die eigenen wie die gesammelten Werke des Meisters in dem reich geschmückten Hause. Wenn der Abend aber kam, dann ergötzten sie sich vom reich gedeckten Tisch hinweg an dem Treiben der Gondeln draußen und dem Gesang des liederreichen Volks, und bald erklang auch wohl von einem der Teilnehmer die kunstvoll gespielte Laute. Auch die jugendholde Irene von Spilimberg, welche bis zu ihrem Tode, 1540, das Herz des alternden Tizians entzündet haben soll, hatte diesem Kreise angehört. Die jüngeren Künstler schlossen sich in anderen ausgelassenen Kreisen zusammen, in denen Aretino vielfach Vergnügungsrat war und seine verrufenen Schwestern oder die überaus schöne Hetäre Veronica Franco mit gleich sittenlosen Genossinnen das weibliche Element vertraten. In dieser ausgelassenen, tollen Welt, die lachend und mehr aus Thorheit als schlechtem Instinkt sündigte, war Aretino eine der bezeichnendsten Gestalten für die naive Zeitmoral und Anhänger des Bösen aus Überzeugung. Genial und zugleich verderbt bis ins Mark, bestritt er sein wildes Leben mittels eines Erpressungssystems, das einzig in diesem Umfang geblieben ist. Der Kaiser, der König von Frankreich, die Päpste, Kardinäle, alle Fürsten von Italien, die Staatsmänner, Gelehrten, Künstler von Ruf beteiligten sich durch Gehälter, Geschenke, Ehrenketten an seiner Erhaltung und schrieben ihm gnädige Briefe, weil sie vor seinem zermalmenden Witz und seinen schonungslosen Pasquillen zitterten, in denen er stille Verachtung seiner schamlosen Forderungen rächte. Da er in Venedig nicht erreichbar war und sich wohl hütete, etwas Venetianisches anzutasten, war das sonst in Italien nicht fremde Beiseiteschaffen einer lästigen Person ausgeschlossen. Dieses Scheusal Aretino, sein Freund Tizian, Sansovino beherrschten

Abb. 20. Drei Heilige. Handzeichnung. Mailand. Ambrosiana.
(Nach einer Originalphotographie von Braun, Clément & Cie. in Dornach i. E., Paris und New York.)

1555 als Triumvirat unter dem Namen einer Akademie die Kunstverhältnisse der Lagunenstadt, welche in allen ihren Wundern an Farbe und Form und ihren tausend Reizen eines unendlich bewegten, vielartigen, fesselnden Lebens dem Thatsachensinn des jungen Veronese zunächst wie ein dröhnender Orchesterrausch vorgekommen sein muß. Das war eine Welt, die rein künstlerisch das Herz jeder frischen jungen Kraft erzittern machen mußte vor Schöpfungslust.

Aber hier hoch zu kommen, war ein Kunststück. Tizian war eifersüchtig, Sansovino that nur, was sein Freund wollte, und die anderen Maler begrüßten einen Nebenbuhler gewiß nicht mit Freude. War doch schon 1506 Albrecht Dürer sehr ernst gewarnt worden, bei irgend einem Maler der Stadt zu speisen; und Benvenuto Cellini erzählt in seiner Selbstbiographie, wie er bei Florenz durch einen Kaplan vergiftet sei, an dessen Bruder er eine kleine Pachtforderung hatte, und wie der Kaplan sich dann öffentlich seines Streichs gerühmt habe. An überflüssigem Gemüt litt die Zeit der Renaissance gerade nicht. Es gelang Veronese trotzdem schnell durchzudringen, nachdem er Erfolg mit einem sofort in Auftrag erhaltenen Werk gehabt. Der in allen Sätteln gerechte Tizian hat ihn vielleicht zu Anfang seiner Geistesbeschaffenheit wegen noch nicht recht ernst genommen. Dazu war Paolo angenehm, geschmackvoll gekleidet, zurückhaltend, bescheiden, und dann soll er eine feine Art des Urteils über die Kollegen gehabt haben. Künstler bedürfen des Zurufs, um die Begeisterung frisch zu erhalten, — sie sind deshalb für Lob empfänglich und werden schwach, wenn dies Lob das trifft und Interesse für das verrät, was sie gelobt wissen wollen. Veronese verstand, wie es scheint, diesen Punkt in fremden Werken zu finden, und er gewann damit alle für sich. — Dieser erste Auftrag, der Veroneses Glück machen sollte, kam ihm, kaum daß er seine Empfehlungen abgegeben, von einem Landsmann, dem Prior Bernardo Torlioni vom Kloster S. Sebastian. Er sollte zunächst nur die Sakristeidecke der Klosterkirche, die vor kurzem neu aufgebaut war, mit einigen Bildern schmücken, aber der Ausfall dieser Arbeit, welche eine „Krönung Marias" mit frühreifer Vollendung darstellte, zog weitere Aufgaben nach sich, und so brachte Veronese im ganzen die ersten zehn venetianischen Jahre im Kloster S. Sebastian zu, — wie sein letztes Jahrzehnt andererseits hauptsächlich dem Dogenpalast gewidmet war. So schuf er denn nach der schönen Krönung, die im ganzen noch unter Tizians Einfluß steht, dabei aber auch noch Anklänge an Cavazzola aufweist, in der Sakristei sogleich an der Decke der Hauptkirche in mehreren Bildern die „Geschichte von Esther", der schönen Nichte des Kämmerers Mardochai, die vor Ahasver geführt und von ihm dann zur Königin erhoben wird, und dazu den Triumph des Mardochai, wobei Antonio Fasolo geholfen haben soll. Dies prachtvolle Werk, dessen Motive, wie überall bei Veronese, auch in Ölgemälden (Abb. 22, 23, 24) außerdem vorhanden sind, schlug durch; kaum waren die Gerüste entfernt und das Ganze sichtbar, so kamen die ehrwürdigen Väter von S. Sebastian mit weiteren Aufträgen, andere Klöster- und Kirchenvorsteher machten gleiche Wünsche geltend; in dieser Kirche von S. Sebastian aber drängte sich hoch und niedrig: Nobile und Proletarier weidete sich staunend an diesem Wunder von herrlicher Malerei, verständlicher Klarheit, Lieblichkeit und Adel der Erzählung, die nicht mehr und nicht weniger schilderte als das schöne Venedig selbst. Das packte durch seine neue und damals noch ganz unbegreifliche Weise. Hier sah man in täuschender Plastik bekannte Innenarchitekturen, hier sah man Senatoren, Patrizier, Gelehrte, den Dogen in ihren wohlbekannten Gewändern von Sammet, Hermelin, Brokat und Seide mit der gewohnten stolzen Würde sitzen und reden, — hier sah man auf dem besten Bild eine wunderbar schöne Frau in tiefster Bangigkeit von zwei freundlich zusprechenden Dienerinnen vor Ahasver geführt, der ideales Konterfei irgend eines thronenden Dogen war. Das Volk verstand es, wenn ihm Esther und Ahasver wohl auch fremde Namen waren, — es konnte sich den Vorgang in seiner naiven Weise als eine Gerichtssitzung oder sonst etwas deuten, — es war nichts Fremdes darin wie in Tizians Farbenmystik, welche genießbar nur den feingebildeten Sinnen sein konnte. Diesen vornehmen Sinnen aber wurde ihrerseits dabei wiederum geschmeichelt durch das treue Bild vom eigenen Leben, durch die elegante und bestechende Kunst und die

Paolo Caliari gen. Veronese. 31

Freude am Gegenständlichen darin, die venetianisch in jedem Nerv war. Zu diesen äußeren Eindrücken kamen dann noch zwei ten, die Veronese sein Leben lang als eine Galerie herzbezwingender Schönheiten geschaffen hat, wie in solchem Umfang und

Abb. 22. Esther vor Ahasver. Florenz, Uffizien.
(Nach einer Originalphotographie von Braun, Clément & Cie. in Dornach i. E., Paris und New York.)

mächtige Glieder, deren Wirkung vielleicht die tiefste und ausschlaggebende war. Von jener Reihe ganz individueller Frauengestal- mit solch einem sicheren Griff sich kein zweiter Künstler des Gleichen rühmen kann, war in dieser Esther die erste gegeben.

Abb. 23. Esther. Galerie Czartoryski.
(Nach einer Originalphotographie von Braun, Clément & Cie. in Dornach i. E., Paris und New York.)

Feuerbach, der selbst ein Fühler für rassige Frauenschönheiten war, sagt in seinem Vermächtnis von dieser gewichtigen Seite in Veroneses Kunst:

„Man nehme jeden beliebigen Frauenkopf aus dem Bilde heraus und man wird staunen über die Formvollendung und seelenvolle Schönheit desselben. Es sind nie Loretten, sondern stets Frauen im edelsten Sinne.

Ich kenne keinen Maler, dem es vergönnt gewesen wäre, aus nächster Umgebung den Extrakt seiner Zeit zum vollendeten Typus zu gestalten, wie Veronese."

Die venetianischen Frauen waren die schönsten von ganz Italien, die haremsartige Abgeschlossenheit der Vornehmeren verstärkte den Nimbus um ihre Schönheit und ihr Dasein, und die S. Markus=Männer waren sinnlicher als irgend ein italischer Volksstamm. Hier, wo Jünglingsverwegenheit und äußere Manneswürde außerordentlich hoch geschätzt wurde, war süße Frauenschönheit Genie und erhabenste Tugend, und der Maler, welcher durch eine glückliche Darstellung dieser Art alle Männerherzen schneller schlagen ließ, hatte im Augenblick seine Gemeinde. Und diese erste der veronesischen Frauengestalten scheint mir dazu in vieler Hinsicht die glücklichste und am meisten zur Propaganda für den Künstler geeignete, denn in ihr mischt sich der tiefe Blick jugendlicher Kunst in die Natur seltsam mit dem Raffinement einer virtuosen Zeit. Der Reichtum der kaum vom Mieder gebändigten Formen in kostbaren Gewändern, die königliche Erscheinung, die Vollkommenheit des reizenden Gesichts mit seinen zierlichen, aber nicht kleinlichen Partien ist von der Art, wie sie von jungen Männern bewundert wird. Der Vorgang aber, die zitternde und halb bewußtlose Bangigkeit der von den Dienerinnen gestützten und aufgemunterten Jungfrau verrät jene liebliche Seelenreinheit, die reifere Männer an den Frauen besonders lieben und für die erst sie das feine Wertverständnis haben. Veronese hatte mit dieser Figur alle Kreise und alle Lebensalter der schönheitseligen Markussöhne gewonnen. — Ein zweiter wichtiger Punkt war dazu die eigentümliche weltliche Auffassung des biblischen Themas in dieser kirchlichen Darstellung, die wohl ganz unbemerkt den genius loci nicht minder fein traf. Der Venetianer war ebenso tief fromm als weltlich wild, was er reinlich zu scheiden wußte. Heute feierte er das tollste Bacchanal und beging skrupellos die liederlichsten Streiche, morgen bereute er knirschend am Beichtstuhl seine Sündhaftigkeit. Er war ein großes Kind, das ebenso befangen als weltsichtig war, an welchem Zwittercharakter seine engen Beziehungen zum Orient und seine Berührungen mit dem Mohammedanismus Schuld trugen. Der gute Kern in ihm erhielt seine Frömmigkeit, weil er sich wohl bewußt war, daß ihm viel vergeben werden mußte. Aber er machte sich die Sache bequem. Wie ihm Heirat und Liebe zwei heterogene Dinge waren, so auch Kirchenceremonien und Glauben, Priester und Frömmigkeit. Das Festgepränge an heiligen Tagen gehörte nur seinem äußerlichen Vergnügen an, die Hierarchie unterdrückte er mit eiserner Hand, damit sie ihm nicht ein unbequemer Störenfried wurde. Dieser Kindskopf wurde deshalb so wenig eigentlich frivol, als er bigott wurde, und wenn er in ernster Stunde in sich gegangen und sich mit seinem Gott versöhnt hatte, dann feierte er die Fürbitte seines Specialheiligen in seiner Ortsmanier hernach mit Walzermusik und Gläserklirren. Und hier traf Veronese gleichfalls mit seinem Stil und seiner Darstellungswelt den richtigen Ton. Schon die Quattrocentisten wie Cima und Carpaccio hatten mit größerem Realismus als das übrige Italien in ihren heiligen Geschichten venetianisches Leben dargestellt, aber doch noch streng und voll kirchlicher Gesinnung. War schon das Estherthema mit seiner alttestamentlichen Schilderung von polygamischen Despotenwonnen ein bedenklicher Gegenstand für eine Kirchendecke, so vollends in diesen Veronesischen Auffassungen. Hier ist nicht ein alttestamentlicher oder kirchlicher Zug vorhanden, sondern das Ganze nur ein ins Moderne übertragenes geschichtliches Sittenstück, in dem recht weltliche Gefühle zu Tage treten. Aber dies mixtum compositum im Kirchenraum: unten für Ohr und Nase Bußpredigt und Weihrauch, — für das andächtig nach oben gerichtete Auge ein

Abb. 21. Esther vor Ahasver. Paris. Louvre.

Erinnerungsschmaus an alle Freuden der schönen Erde draußen, — das war der Zwiegesang, der jedes echte Venetianerherz erquickte. Darum war Veronese der ge- Seite enthalten, wenn auch nicht so durchdringend wie bei Tizian und Giorgione. Der Schauer großer Kunstprobleme, das verzweifelt-sehnsüchtige Verlangen, nie bis-

Abb. 25. Beweinung Christi. Handzeichnung. Mailand. Ambrosiana.
(Nach einer Originalphotographie von Braun, Clément & Cie. in Dornach i. E., Paris und New York.)

suchteste Kirchenmaler seiner Zeit, obgleich er nicht ein richtiges religiöses Bild geschaffen hat. — Das venetianische Parfüm des Cinquecento aber ist in seiner Kunst — und zwar schon in diesen Frühmalereien ausgebildet — auch nach der malerischen her Gesehenes an Schönheit und Herrlichkeit zu bilden, der Schöpfungsdrang einer leidenschaftlichen Menschenseele oder wie man sonst metaphysischen Trieb nach seiner individuellen Art näher bezeichnen mag, war ihm nicht gegeben. Das war auch nicht eigentlich venetia-

Abb. 26. Jesus und der Hauptmann von Kapernaum. München.

nisch, sondern giorgionesk, michelangelesk, das war die Art Tizians. Als Maler ist Veronese durchaus Virtuose. Michelangelo, Raffael, Correggio, Tizian haben für ihn gearbeitet; den späteren in S. Sebastian an den perspektivischen Kunststücken sehen, die er als Malerscherze gemacht hat. Ein so täuschend in offener Thür gemalter Jäger z. B. ist

Abb. 27. Maria mit dem Kinde und Heiligen. Wien. (Nach einer Originalphotographie von Franz Hanfstängl in München.)

er hat von ihnen gelernt, ohne gerade im Einzelnen ihre Manier zu benutzen; er kann sehr viel und schafft mit Leichtigkeit, weil seine Phantasie mit Vorbildern angefüllt ist und er technisch alle Kniffe kennt. Man kann dies bei seinen Werken in Maser und in Maser zu sehen, daß er von Fleisch und Blut geschienen haben muß, als die Farbe noch ohne Patina war. Weil er ganz sicher ist, baut er sorglos und gern wie zufällig auf, als wenn er eine Momentphotographie hätte benutzen können. Die strengere Floren-

Abb. 28. Zwei Satyrn von Nymphen geschunden. Handzeichnung. Dresden.
(Nach einer Originalphotographie von Braun, Clément & Cie. in Dornach i. E., Paris und New York.)

tiner Kompositionsregel, die schon Tizian durchbrach, beachtet er selten, — er hat eben nichts Bedeutendes zu sagen, sondern will nur zwanglos nebeneinander erzählen, wie schön und farbenreich die Sache war; darum bevorzugt er auch die breiten Bilder von geringerer Höhe. Er modelliert seine Vordergrundfiguren meist gut, worin sich seine einstige Bildhauerlehre äußert, während er im Mittel- und Hintergrund mehr das koloristische Ineinandergehen bevorzugt, wie es bei den Venetianern vielfach zu finden ist. Seine Zeichnung ist lebendig, chic, oft überraschend, hastig, hängt mit der Vorliebe für augenblickliche Posen zusammen, ist vielmals sehr gut, oft aber auch nachlässig, und man fühlt, daß es ihm nicht darauf ankommt. Nach den meistens packenden Gegenständen, die er, wie seine Menschen, äußerlich auffaßt, aber stets in jedem Teil interessant, anmutig, mehr blendend als ergreifend behandelt, ist seine Farbe das Schönste. Gelb, Rot, Blau, Weiß kehren in allen Abstufungen bei ihm wieder, — leicht, breit, durchsichtig aufgetragen wirken sie doch ohne starke Kontraste und ohne tiefe Schatten bunt und nicht selten ein wenig hart, aber wie ein dem Auge angenehmer Feldblumenstrauß. Dazu ist eine Flut silbrigen Lichts in sehr vielen seiner Bilder, wie es in dieser Durchsichtigkeit und milden Reinheit kein Venetianer herausgekriegt hat. Er ist darin Norditaliener bis an sein Ende geblieben und hat den Venetianern den frischen, kühlen, heiterer Sinnenfreude entsprechenden Silberton hinterlassen. Durch goldige Tiefe des Tons hat er fast niemals die Seele ins Mystische gezogen, — er berauscht und reißt nicht eigentlich hin wie die großen Gewaltmenschen der Kunst, auf die man schimpft und sie dann anbetet, — sein Temperament ist von einer gewissen Sprödigkeit und sehr viel mehr Auge und Handgelenk in seiner Kunst als Seele. Aber er erfreut überall durch eine leuchtende Fülle von Heiterkeit und Lust der kräftigen Lokalfarben, durch gewinnenden Rhythmus, in dem jeder Klang vollendet, schön, reingestimmt und fast nie unedel ist. Er sieht die ganze Erscheinungswelt um sich herum als Farbenspiel und seine unerschöpfliche Palette wird kaum für einen Augenblick ein Menschenalter lang aus der Hand gelegt, damit ihm nur nichts entgeht. Er reagiert so sehr auf den äußeren Sinnenreiz, daß ihm Himmel, Erde und Wasser, Architektur, Menschen, Tiere, Stoffe durchaus gleichwertig werden, — nur bei seinen entzückendsten Frauengestalten wird er persönlicher und kann bis zu einem gewissen Grade sogar verführerisch werden, aber auch hier ertappt man gleich den, allerdings liebenswürdigsten, Causeur: ihn reizt auch bei der leibhaftigen Venus in erster Linie doch das farbenbunte Kleid aus kostbaren Stoffen, das Geschmeide, eine überraschende Geste oder Haltung, — sehr selten nur stellt er nackte Körper dar. Denn hier sind so intime und feinartige Probleme, daß dieser blendende Kolorist sein Versagen fühlt. Ein älterer Kritiker hat von ihm gesagt, daß er „mit der Farbe schreibt". Das ist ein guter Ausdruck. Er weist darauf hin, was Veronese im Grunde ist: kein Dichterkünstler, sondern nur ein in jedem Teil interessanter Episodenschilderer, — kein Farbenmusiker mit dem unwiderstehlichen Zauber des Tones, sondern ein Farbenaccordvirtuose von berückendem Reichtum des Ausdrucks. Er ist einer von den herrlichen Erzählern Veronas, der wortklangfroh stundenlang zu schildern versteht mit dem die schöne Silhouette eines schlanken Hundes, ein Azurton, der Goldhaarschimmer einer liebreizenden Herrin dabei meist wichtiger wird als die Fabel selbst. — — Für solche unendlich liebenswürdige Kunst war in der Lagunenstadt der fruchtbare Boden vorhanden, und man darf annehmen, daß ihm daher auch das Fußfassen und die eigene Weiterentwickelung viel leichter ward, als dies gemeinhin geschieht.

Die Mönche von S. Sebastian hatten dem jungen Künstler alsbald die Ausmalung der gesamten Kirche innerhalb einer Reihe von Jahren aufgetragen, — Tizian begönnerte ihn und lobte ihn sogar öffentlich,

Abb. 29. Skizze zu einem Historienbild. Handzeichnung. London. British Museum.
(Nach einer Originalphotographie von Braun, Clément & Cie. in Dornach i. E., Paris und New York.)

was bei dem Ansehen des achtzigjährigen Hauptes der venetianischen Künstler eine Ehre und die glänzendste Empfehlung für größere Aufträge war. Vielleicht hat Sansovino den jugendlichen Veronesen schon jetzt beschäftigt, aber Sicheres ist hierüber nicht bekannt. Steht doch selbst die Datierung der erhaltenen Hauptwerke Paolos noch auf so unsicheren Füßen, daß aus der Stilistik wohl mit einiger Wahrscheinlichkeit die Reihenfolge, aber nur vereinzelt ein genauer Zeitpunkt festlegbar ist. Was Vero-

Abb. 30. Bildnis des Pasio Guarienti. Verona.
(Nach einer Photographie von Gebr. Alinari, Florenz.)

nese an kleinen Werken geschaffen, wie er gelebt, mit wem er verkehrt, auf welchem Fuß er namentlich mit seinem engeren Nebenbuhler Tintoretto stand, ist dunkel. nicht beliebten Tintoretto, der in dieser Zeit zu Ansehen kam, damit die Kreise gestört werden sollten. Bei so engem Nebeneinanderwirken, wie diese Kunstmittelpunkte Italiens

[Abb. 31. Studie zur Marter des heiligen Sebastian in S. Sebastiano zu Venedig. Wien. (Nach einer Originalphotographie von Braun, Clément & Cie. in Dornach i. E., Paris und New York.)

Intim mit dem letzteren war er schwerlich, denn das geflissentliche Lob und die Gönnerschaft Tizians ist von dem Verdacht nicht frei, daß dem etwas mürrischen und darum es mit sich brachten, war die Intrigue ohnehin alltäglich, und dies besonders in dem wegen seiner diplomatischen Verschlagenheit in der ganzen Welt verrufenen Venedig. —

Veronese scheint 1557 nunmehr einen Besuch in Verona bei den Eltern gemacht zu haben, um diesen, dem Onkel Maler und Meister und den anderen Verwandten sich mit seinem jungen Hauptstadtruhm vorzustellen. Es ist nämlich aus dieser Zeit das Bildnis eines Veroneser Edelmannes, Guarienti (Abb. 30), erhalten, das heute noch im dortigen Stadtmuseum hängt. Ein ganz prächtiges Werk. Der Dargestellte posiert nachlässig in ciselierter und gestreifter Ritterrüstung mit vorgeschobenem linken Knie, hält die eine Hand am Degenknauf, die Rechte hoch auf den Streitkolben gestützt, der auf einem Sockel mit dem abgenommenen Helm und Inschrift an der Vorderfläche aufsteht. Die Turnierlanze mit dem Wappenfähnchen lehnt dahinter gegen einen Baum. Außerordentlich geschickt und realistisch ist diese Rüstung gemalt, aber noch besser ist dies biedere, breite Gesicht mit dem graugemischten kurzen Kopf- und dichtem Barthaar durchgebildet, in dem die gutmütigen Augen prüfend zur Seite blicken und der rötliche Nasenglanz sehr beredt von mancher, bei fröhlichem Weingelage verbrachten Nacht erzählt. Nicht minder ausgezeichnet ist die Hand mit den charaktervollen und starken, aber nicht geistlosen Fingern behandelt. Der Dargestellte ist ganz augenscheinlich dem Typus nach von wenig gekreuzter germanischer Abstammung, — eine in Oberitalien nicht seltene Erscheinung, — und das Bild in seinem kräf-

Abb. 32. Heilige Katharina. Florenz. Uffizien.
(Nach einer Originalphotographie von Braun, Clément & Cie. in Dornach i. E., Paris und New York.)

tigeren, wohl noch von Cavazzolas Vorbild bestimmten Stil spricht uns fast unitalienisch, sicher nicht venetianisch an.

Der Aufenthalt in Verona, dessen Nachweis auf diesem Bildnis beruht, dürfte nicht lange gedauert haben, denn Ende 1557 oder Anfang 1558 haust Veronese wieder auf seinen Gerüsten in S. Sebastian, und in großer Schnelligkeit entstehen dort eine Anzahl Werke, in denen seine Sicherheit schnell wächst und alle Merkmale seiner Eigenart sich entwickeln, wenngleich diese Schöpfungen nicht zu seinen größten Hauptwerken gehören und deshalb nur kurz gestreift werden können. Bemerklich ist bei ihnen die, übrigens bei allen Venetianern vorhandene, Neigung zu Allegorien mit einem großen Apparat von Personen und Hilfsmitteln. Venedig hatte außer dem spanischen Hof das ausgebildetste Ceremoniell, das Ceremonienstück hatte hier die reichste Pflege gefunden und historische, religiöse, genrehafte Darstellungen wurden vorwiegend in seiner Art gelöst. Diese Künstler mieden es, ein Problem von innen her und mit geringem Aufwand zu lösen, — sie verstanden es überwiegend kaum, wie alle Menschen, die vor sich selbst flüchten, und erzählten in langer Geschichte, wofür drei Worte genügten. Veronese stand hierin noch weiter zurück, als dies mit Tizian schon der Fall war. Darum gelangen ihm solche Episodenbilder wie die der Esther viel besser als Motive, in denen mittels der Auffassung von einer einzigen Person eine Jdeenfolge auszudrücken war; manche seiner Schöpfungen muten sogar sonderbar an, wenn man die Jdeen und ihre Durchführung betrachtet. Das ist schon bei diesen folgenden Bildern in S. Sebastian sehr auffällig. Er malte hier zunächst für den Hauptaltar eine „Krönung der Maria" (Abb. 18)

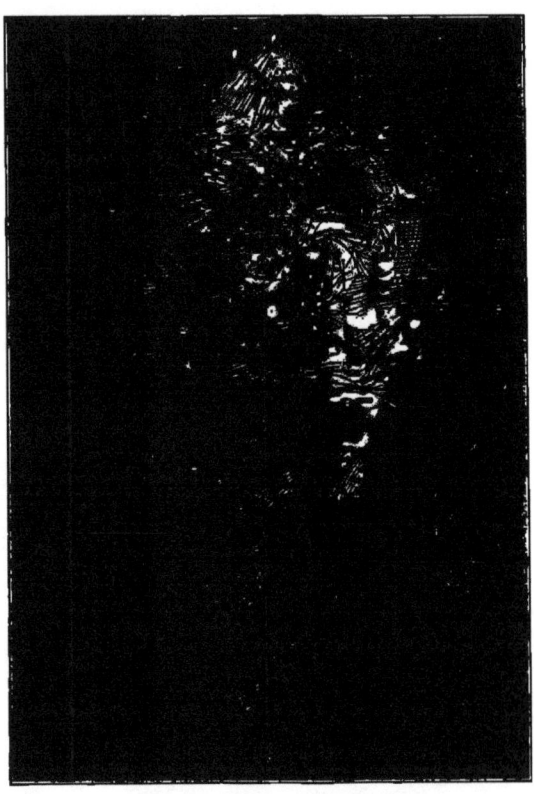

Abb. 33. Skizze zu einer Maria mit dem Kinde. Wien. (Nach einer Originalphotographie von Braun, Clément & Cie. in Dornach i. E., Paris und New York.)

und dann in Fresko an die Wände drei Scenen aus dem Martyrium des Klosterheiligen, welche von Sibyllen, musicierenden Engeln, Heiligen, Aposteln umgeben sind. Das Hauptbild, zu dem in Wien ein zeichnerischer Entwurf vorhanden ist und wie alle einfarbigen Blätter des Künstlers deutlich seine Art, vollkommen malerisch zu sehen und gleich auf Farbe hin zu entwerfen, erkennen läßt, stellt den heiligen Sebastian in der üblichen Weise an eine Säule gefesselt und mit Pfeilen gespickt dar (Abb. 31). Das Sebastianmotiv ist ein sehr alter und sehr beliebter Vorwurf in der italienischen Kunst, — es reizte viele Jahrhunderte lang die Besten sowohl durch das psychologische Problem des Todeskampfes als auch mit der Darstellung eines jugendlichen nackten Körpers,

Abb. 34. Studie. Florenz.
(Nach einer Originalphotographie von Braun, Clément & Cie. in Dornach i. E., Paris und New York.)

dem der Künstler sich hier ungescheut zuerst hingeben konnte, als noch sonst die nackte Darstellung seitens der Kirche im allgemeinen streng verpönt war. Der Sebastian ist der Apollo der christlichen Kunst, hat ein neuerer Schriftsteller fein bemerkt, und in der That hat sich, unbewußt vielleicht, etwas Heidnisches, eine dunkle Erinnerung an den Körperschönheitskult der Antike in der unendlich zahlreichen Behandlung dieses Stoffes zur Renaissancezeit hinübergerettet; und soviel christliche Ergebung auch in der Auffassung angestrebt ist, bleibt sehr oft ein nichtchristliches Übergewicht der idealen Form in Wirksamkeit. Veroneses Sebastian in seiner kühnen Körpersilhouette bildet eine doppelte Ausnahme. Er ist nicht antik, aber auch nicht christlich, — er hat nur eine äußerliche Beziehung zur Legende, — er ist vielmehr ganz venetianisch. Dieser Heilige, den andere Märtyrer und Mönche wie heilige Frauen umgeben, ist in seiner vorgebeugten Haltung mit dem malerischen Umriß recht weltlich und pflichtvergessen, denn er stirbt nicht gottergeben, sondern schaut freudig zur Madonna hinauf, die mit dem Kinde und von musizierenden Engeln umgeben auf einer Wolke so aufmerksam gegen den Maler über dem Heiligen erscheint, daß ein Schatten davon auf den nackten Körper fällt und Gelegenheit gibt, ihn zum malerischen Mittelpunkt zu machen. Man sieht, worauf es Veronese hierbei seiner Vision gemäß ankam und wie wenig fähig er war, den rosigen Todestraum des Märtyrers mit rein psychologischen Mitteln auszudrücken; er braucht dazu eine umfangreiche Scenerie. Dann schmückte er die Orgeldecke noch mit einem „Wunder am Teich Bethesda", einer „Reinigung Mariä", sowie einer „Geburt Christi", bei welchen Arbeiten er wahrscheinlich Gehilfen gehabt, und zwar wohl schon seinen jüngeren Bruder Benedetto, den wir auf seinem ganzen späteren Lebenswege finden. Um 1560 dürfte dies alles abgeschlossen gewesen und nunmehr eine Pause eingetreten zu sein. Denn jetzt finden wir ihn wieder auf dem Festlande und beim Schmuck von Villen und Palästen. Das Wertvollste hiervon sind seine mit Zelottis Hilfe geschaffenen Darstellungen in der Villa Colleoni zu Tiene im Vicentiner Gebiet, welche dem Grafen Porti gehörte. Solche Aufträge: der Schmuck eines vornehmen Heims mit Bildern eines heiteren Daseins, wie es sich in ihm abspielte, — mit Spielen, Jagden, Festen, Patriziern, Frauen, — mit den bunten und entzückenden Reizen des flüchtigen Augenblicks, — verheißenden Gebärden, übermütigem Scherz, dem Sonnengegaukel auf einem kostbaren Gewand und fließenden Linien graziöser Bewegung, — mit einer unversieglich frischen Genußlust an jeder Gabe des Zufalls schufen Paolo die großen Seelenfeiertage seines Lebens. Hier war der Maler der großen Welt auf den Laguneninseln uneingeschränkt auf der Fährte seiner innersten Neigungen und ihm gelang das Reizvollste, was er hervorgebracht. Man sieht es an diesen kühnen Linien und schwungbeseelten Kurven, man fühlt es in diesem schimmernden, zarten, frischen Bouquet der duftvollsten Farben. Es ist erstaunlich dabei, mit welcher Kunst er die so überaus schwere, große Selbstbeherrschung und Ausdauer, nicht minder große Klarheit der Absicht erfordernde Freskotechnik handhabt, die aber alle diese Mühen freilich mit einer hohen Schönheit und Reinheit der Wirkung lohnt. Dieser olympische Geist geht selbst auf die historischen Vorgänge über, die er im unteren Saal der Villa neben einzelnen Gestalten schuf. Scävola vor Porsenna, Sophonisbe und Massinissa, Xerxes die Attribute der Griechen empfangend, das Gastmahl der Kleopatra sind die Vorwürfe, die, vereinzelt in naiver und noch befangener Anordnung, im ganzen doch einen harmonischen Eindruck hervorrufen. Dazu kommen noch freie Figuren wie gemalte Plastiken, Blumengewinde, Früchte, so daß diese Arbeit, auf welche die verwandte in Maser sich aufbauen sollte, das Können Veroneses in seinem großen Reichtum nach allen Seiten fast offenbart.

Diese spätere Landhausmalerei zu Maser setzt einen Markstein in Veroneses Leben wie in seine künstlerische Entwickelung und dies

Abb. 35. Studie zu einer Hochzeit von Kana. Weimar.
(Nach einer Originalphotographie von Braun, Clément & Cie. in Dornach i. E., Paris und New York.)

eben erwähnte Tiene weist schon unmittelbar darauf hin, — aber zwischen Tiene und Maser liegen noch drei der bedeutendsten Werke, so daß wir dem Abschnitt zwischen 1560 und 1566 als den ungefähren Zeitpunkten beider Festlandsschöpfungen eine besondere Aufmerksamkeit widmen müssen. Hier sind noch streitige Punkte vorhanden, und die Datierung läßt sich bei mehreren Arbeiten so wenig sicher ermitteln, daß man dieselbe offen lassen muß. Am frühesten dürften die Konkurrenzmalereien im neuen Bibliothekbau des Sansovino anzusetzen sein. Hier waren einundzwanzig Darstellungen zu vergeben, und sie wurden, wohl nicht ohne Einwirkung Tizians, an Veronese, G. Salviati, B. Franco, Schiavone, Zelotti verteilt, so daß ersterer drei Felder mit den allegorischen Gestalten der Musik, der Mathematik und des Ruhms auszumalen hatte. Natürlich waren diese Vorwürfe für den berufenen Frauenmaler von Venedig wie gefunden, um seine Träume von liebreizenden Huldinnen in Malerei umzusetzen und Brokat, Geschmeide, Attribute in virtuoser Meisterschaft der Darstellung anzubringen. Diese reizenden Kompositionen seines ersten Staatsauftrages brachten ihm jetzt auch den ersten offiziellen Erfolg. Die Kommission wollte den besten der Künstler für eine Auszeichnung vorschlagen und rief Tizians Entscheidung an; der soll die Nebenbuhler des Veronese veranlaßt haben, ihn rückhaltlos als den Sieger im Wettstreit zu bezeichnen. Jedenfalls erhielt Paolo die damals übliche Ehrenkette, die er fortab seiner Neigung für Prunk entsprechend auch trug.

Gleichfalls an den Beginn dieser Periode wird ein umfangreiches Wandbild im Saal des Großen Rats im Dogenpalast: „Fußkuß des Barbarossa beim Papst" gesetzt, dessen Urheberschaft ihm von anderer Seite abgesprochen wird und das man sogar Tizian zuschrieb. Da das Bild 1577 mit diesem Teil des Palastes verbrannt ist, scheint diese Frage belanglos.

Jetzt aber entsteht jenes Werk Veroneses, das mit seinem Namen eng verknüpft und seine berühmteste, wenn auch nicht schönste Schöpfung ist: die 1562—1563 für das Refektorium des Klosters von S. Giorgio Maggiore gemalte „Hochzeit von Kana," welche sich jetzt zu Paris im Louvre (Abb. 36) befindet. Veranlaßt ist der Auftrag zu diesem Werk wahrscheinlich durch den berühmten Architekten des auf einer Lagune gegenüber der Riva bei Schiavoni gelegenen Klosters, Sammichele, welcher der Ueberlieferung nach einer der ersten Gönner und Aufmunterer des jungen Veronesen in Venedig gewesen war. Die Mönche wollten ihren Speisesaal mit einer passenden Darstellung schmücken, der Künstler hatte vortrefflichen Ruf, und es war bekannt, daß er Klöstern und Kirchen gegenüber oft kaum die Selbstkosten deckende Honorare forderte. Nach dem erhaltenen Kontrakt war das Riesenwerk von 1562—1563 fertigzustellen, wofür ihm nach damaligem Gebrauch Leinwand und Farben, Beköstigung im Kloster, und damit sein Eifer der nötigen Anfeuchtung nicht ermangele, eine Tonne Wein geliefert wurde. Quantum und Marke hiervon sind nicht näher angegeben, so daß wir weder den Durst noch die Feinheit von Veroneses Zunge feststellen können, aber Klosterwein im reichen Venedig dürfte Etikette und Datum getragen haben, angesichts deren dem Sachkenner das Wasser sozusagen im Munde zusammenlief. Als Honorar wurden dazu 324 Dukaten gleich etwa 750 Mark — nach heutigem Geldwert etwa 5000—6000 Mark — ausgemacht, was angesichts des Künstlerrufs, der Arbeitszeit und des Werkumfangs mit etwa 100 Figuren und 150 Köpfen im ganzen ein Spottpreis ist.

Mit diesem Bild beginnt die Epoche seiner Mahlbilder, von denen er viele in immer veränderter und teils völlig neuer Fassung gemalt hat, weil alle Klöster weitum auch solch einen Schmuck im Speisesaal besitzen wollten, um während der frohen Stunde des Genusses und der Erholung von den strengen Ordenspflichten die Lust der Welt draußen als wärmende Erinnerung vor Augen zu haben. Denn auch diese Mönche waren ja größtenteils Venetianer, — auch sie grüßte die schöne Heimat draußen mit allen ihren Augenwundern aus diesen Werken voll bestechender Farbenpracht und lebendigster Schilderung, — und dieser Umstand erklärt uns auch wohl die ganz merkwürdige Thatsache, daß bis auf einen einzigen, noch zu erwähnenden Fall die sonst so argwöhnische Klerisei nicht den mindesten Anstoß an diesen Werken nahm.

Abb. 36. Hochzeit von Kana. Paris. Louvre.

Ist doch die Auffassung so völlig weltlich, so voll schäumender Lust am Gegenständlichen der Vorbilder, wie sie jeder Gang auf den Markusplatz, jeder Besuch in einem der Paläste in Hülle und Fülle bot, daß Veronese sich oft nicht einmal die Mühe gegeben hat, den Heiland oder den heiligen Gregor bildnisse unter den Personen finden, aber haben diese Mahldarstellungen, und vor allem diese berühmteste des Louvre, nicht nur einen bedeutenden kulturhistorischen Wert, — sondern sie werden auch durch die schönheitselige und schwungvolle Kunst in ihnen zu wahren Denkmälern von der

Abb. 37. Studie zur Kreuzabnahme. Dresden.
(Nach einer Originalphotographie von Braun, Clément & Cie. in Dornach i. E., Paris und New York.)

auf einer anderen Replik zu einem wenigstens interessanten Punkt des Werkes zu gestalten. Es ist merkwürdig, wie unreligiös, wie heidnisch geradezu im Sinne antiker Lebenslust diese Bilder empfunden sind. Durch diese ungemein reichen, bewegten, alle Kreise der Zeit liebevoll umfassenden Schilderungen, durch diese schlagenden Charakteristiken der Einzelnen, diese stupende Wirklichkeitstreue, die so weit geht, daß wir zahlreiche beglaubigte Zeitgenossen-Spätrenaissancegesellschaft in ihrem öffentlichen und privaten Leben.

Welch ein unendlich reicher, fesselnder, von Punkt zu Punkt durch die köstlichsten Griffe packender Anblick bietet sich in diesem geradezu klassisch komponierten Bild! Da sehen wir inmitten einer reichen, zu Gunsten prächtiger Wirkung etwas unklar gehäuften Architektur mit schlanken korinthischen Säulen, vorspringenden Giebeln, figurengeschmückten Balkonen und Dächern, von denen zahlreiche Neugierige auf die Festgesellschaft herunterschauen, diese selbst auf einem terrassenartig gedachten Hofraum, den zwei dorische Säulenhallen flankieren. Der ganz leicht bewölkte Himmel leuchtet mit dem von Veronese bevorzugten grünlichblauen Glanz heiter und lichtreich, — ein durchbrochener Glockenturm erhebt sich in zierlicher Verjüngung im Hintergrunde, — ein verliebtes Taubenpaar schwebt spielend um seine Spitze. Das Fest ist zu später Nachmittagsstunde bereits dem Höhepunkte nahe gekommen, — ein Sichrühren und ein Auflösen der feierlichen Würde ist überall spürbar, die Gruppenbildung hat begonnen und lebhafte Gespräche sind im Fluß, bei denen die Teilnehmer warm werden und deren Eindruck sich späterhin eng mit der Erinnerung an den ganzen Festverlauf verknüpft. Köche und Diener eilen geschäftig hin und her, die Kinder sind nicht mehr auf ihrem Platz zu halten und haben die mitgebrachten Windhunde aufgescheucht. Das ist außerordentlich geschickt entwickelt, so daß jede der zahlreichen Figuren zur vollen Geltung kommt und fast nirgends ein toter Punkt sich befindet. Die Tafel, die sich an eine etwas höhere Galerie mit den Dienern, Weinschenken, Pagen, Mägden, Köchen, Anrichtern, in hastiger Thätigkeit allesamt befindlich, lehnt, ist quadratisch und zum Beschauer hin offen. Der Heiland und Maria nehmen mit den Jüngern die Mitte ein und sind nur wenig durch die Gloriole hervorgehoben, da das ganze Schwergewicht nach links und in den Vordergrund durch die zeichnerische wie far-

Abb. 38. Kreuztragung. Dresden.

bige Berechnung gerichtet ist. Nach rechts setzt sich die Reihe der Gäste in einer Reihe von packenden Charakterköpfen fort und endigt in dem stehenden Weinschenken, der in völlig verloren gehender Episode soeben den Wein prüft und das Wunder der Wasserverwandlung feststellt, — nach links aber sitzen die vornehmsten Gäste von fürstlichem Geblüt und endigen ganz vorn im Brautpaar. Als Gegengewicht zu dem Weinschenken drüben steht hier ein stattlicher Nobile, dem ein prächtiger Dolch über den Leib hängt; ich möchte den wenige Jahre zuvor gestorbenen Pietro Aretino in dieser Figur erkennen, der im Weinschenken das Bildnis Benedetto Caliaris, des Architekturmalers, entspricht. Daß jener der einzige Bewaffnete in der Gesellschaft ist, scheint die Identität zu bestätigen, denn vermutlich ist damit ein Hinweis auf den „Dolchlitteraten" nicht absichtslos gegeben. Die ganze Mitte zwischen den drei Tafelseiten aber wird von der Musik eingenommen, deren Cellist vornan ein Selbstbildnis des Künstlers ist. Es ist ein kleiner Zug von Eitelkeit hier wenig auffällig abgedrückt, daß dies ganze große Bild gleichsam um Christus, sowie die darin abgebildete Künstlerperson gewölbt ist, zu der sich fast ebenso bemerklich sein Bruder Benedetto gesellt.

Aber dies sind in dem prachtvollen Gefüge interessanter Figuren und prunkvoller Farben nicht die einzigen Bildnisse. Einen so wenig bedeutenden Geist dieser Sinnen- und Thatsachenmensch besaß, von so glückgeleiteter Weltklugheit war er. Wenn er die Großen seiner Zeit, soweit ihm Bildnisse erreichbar waren, in diesem Werke konterfeite, — wenn er seine künstlerischen Gönner und Freunde hinzufügte, konnte er gewiß sein, beiden damit zu schmeicheln und sie zu Lobrednern seiner Kunst zu machen. Er scheint ausgiebige Verwendung von diesem Schachzug gemacht zu haben, denn außer der nicht kleinen Zahl bekannter Personen dürften noch weitere Bildnisse unter den übrigen Figuren, die man heute nicht kennt, zu finden sein. Die Gesichtsbildungen und Haltungen sind auffällig individuell. Nach Zanetti ist in dem Bräutigam am linken Tischende der vielgenannte, auch von Tizian verherrlichte Marquis del Guasto, in der reizenden Braut die Königin Eleonore von Frankreich zu erkennen. Zu ihr neigt sich als dritte Person ihr Gemahl Franz I., der Maria von England zur Tischdame hat. Ein Mohrenherrscher, dann Sultan Soliman, schließlich Vittoria Colonna, die berühmte schöne Freundin Michelangelos, vervollständigen diese Tischseite. Der kettengeschmückte Kavalier an der Haupttafel wäre alsdann Karl V. Die Dargestellten des rechten Tafelschenkels sind nicht genannt, obwohl es offenbar lauter Bildnisse, und zwar von bürgerlichem Stande sind. Dagegen sind unter den Musikern im Mittelgrunde der alte Tizian als Bassist, Jacopo Bassano als Flötist, sowie Tintoretto mit einer Violine oder Guitarre erkennbar. Das vornehmste Venedig in seinen Spitzen der Kunst wie eines Patriziats, — das, reich, hochgesinnt, feingebildet und ritterlich, vielfach mit europäischen Fürsten-, ja Königshöfen versippt war, — und in seiner baukünstlerischen Pracht gibt die Modelle und die Lokalität für das bedeutende, kulturgeschichtlich so überaus merkwürdige Bild, aber es umfaßt in seinen Personen die ganze damalige Zeit. Es ist davon etwas so durchaus Zusammenfassendes und doch Persönliches in fast jedem Punkt darin, wie man es bei keinem zweiten Kunstwerk der Renaissance findet. Da ist der Maler hinter seinem Bild als Künstler zurückgetreten und hat keinen Anteil mehr daran, — weder der Stil noch die Malerei, weder das Kostüm noch das Gebaren hat einen fremdartigen Zug, den man erst überwinden müßte, um sofort interessiert dies Leben einer fernen Epoche genußvoll betrachten zu können.

Aber noch nach anderer Seite ist dies Bild bemerkenswert, und das sowohl für das Venedig der Blütezeit als Veroneses künstlerische Auffassungsweise. Nämlich in den Frauengestalten, deren eigentümliche Färbung hier im Rahmen des Festes noch mehr auffällt, als in anderen Werken. Er hat sein Lebenlang an einer Galerie der bewunderungswürdigsten Schönheiten geschaffen und hier einen Geschmack offenbart, wie er zu allen Zeiten nicht alltäglich gewesen ist; wo ein anderer Maler hier und da einen glücklichen Fund machte, gelang ihm von Fall zu Fall mit erstaunlicher Sicherheit die Darstellung von lauter individuellen Schönheiten. Er muß in künstlerischer Hinsicht einer der besten Frauenkenner Venedigs gewesen sein, denn er fand

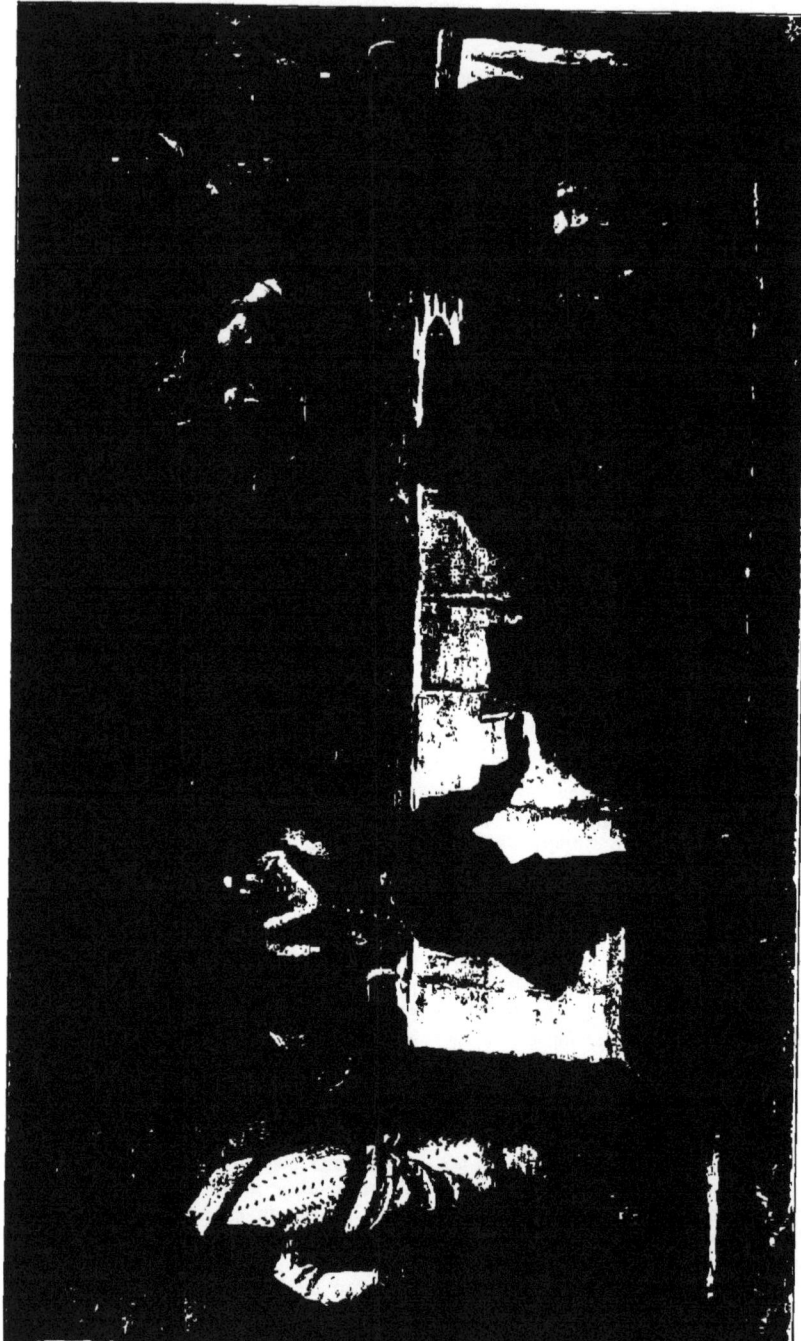

Abb. 39. Hochzeit von Mana. Madrid. (Nach einer Photographie.)

immer neue Typen, und er fand mit dem verschlagensten Maleraugen vielfach auch jene gehaltvollen Schönheiten, die nicht immer auf den ersten Blick gefallen oder blenden, die aber vom zweiten ab das Interesse fesseln und sich nicht leicht aus der Erinnerung loslösen. Das ist der Schönheitssinn eines Kenners von Geist, und ihn erkennen wir mit einer gewissen Überraschung im Gegensatz zum Charakter seiner übrigen Kunst überall, wo die Frau in Frage kommt; wir erkennen ihn auch hier auf dem Hochzeitsbild in den Gestalten der Braut, der englischen Königin und der Vittoria Colonna, welche, wie vielfach seine Frauenfiguren, zum Hineingeheimnissen von Malerabsichten herausfordern. — Aber es ist nicht bloß die ästhetische Seite seiner Frauenmalerei, welche hierin auf eine gewisse Parallelität der Sinnlichkeit mit Raffael weist, sondern auch deren kulturhistorischer Wert, welche in der Charakteristik von Veroneses Kunst schwerwiegende Eigentümlichkeiten offenbaren. —

Veronese erst hat den Typus der vornehmen Venetianerin begründet und damit verlockende Aufschlüsse über ein ganz dunkles Gebiet von Venedig gegeben, von dessen geringsten Vorkommnissen, Einrichtungen und Sitten wir sonst dank einer hochentwickelten Chronistik reichlich unterrichtet sind, — über die Frau schweigen die litterarischen Quellen so vielsagend wie die sonstigen künstlerischen, — Veronese allein ist in Hinsicht der Erscheinung wie eine köstlich zu lesende Urkunde. Man kann zwei Arten von Darstellungen bei ihm unterscheiden: die idealisierte aus den Modellen, die berufsmäßig ihm standen oder gelegentlich auf der Riva aufzutreiben waren, — das sind schöne, graziöse, lachende Kinder der Straße mit

Abb. 40. Büßende heilige Magdalena. Madrid.
(Nach einer Originalphotographie von J. Laurent & Cie. in Madrid.)

weißen Gebissen, leuchtenden Augen und heiteren Lippen, die in manchen allegorischen Figuren, in seinen meisten Madonnen, vielfach nur als Füllsel in seinen figurenreichen Werken zu finden sind. Seine Stärke aber und seine schönsten Griffe machen von der Esther bis zu dieser Hochzeit von Kana, und von dieser bis zur Venezia in dem großen Apotheosenbild die Frauen und Töchter seiner Patrizier aus, bei denen er sich als Faksimilist der Natur darauf beschränkte, nur den eigentümlichen Charakter des Frauenzaubers jedesmal anzudeuten. So verschiedenartig Typus, Gestalt, Charakter auch ist, haben doch alle diese verherrlichten Frauen etwas Gemeinsames gleichsam in der Atmosphäre ihres Venetianertums. — Wer Näheres über die Venetianerin zu wissen strebt, wer Kunst und Litteratur des Cinquecento danach durchsucht, der steht vor einem Rätsel: er findet nichts oder höchstens die marktgängige Phrase von den schönen goldblonden Frauen mit den heißen Sinnen. Was man weiß oder in sorgfältiger Methode ermitteln kann, zerstört unbarmherzig die Fabel von der unbedingten Herrlichkeit dieser Frauen, vom Zauber verschwiegenen Liebesglücks und waghalsigen Abenteuern. Yriarte, der in seinem interessanten „Leben eines venetianischen Patriziers" die Frage eingehend behandelt hat, ist zu überraschenden Ergebnissen gekommen. Die venetianische Patrizierin und mit ihr die vornehmen Bürgerfrauen und Mädchen kommen sehr selten offiziell vor; sie sind nicht häufig gemalt, sie sind nie in einer Verrichtung dargestellt, die auf Wirtschaftssorge, Geistesbeschäftigung, Kunstgenuß in höherem Sinne schließen läßt. Die paar künstlerisch vornehmen Frauennaturen, welche Venedig in Jahrhunderten

Abb. 11. Christus und die Ehebrecherin. Madrid.
(Nach einer Originalphotographie von J. Laurent & Cie. in Madrid.)

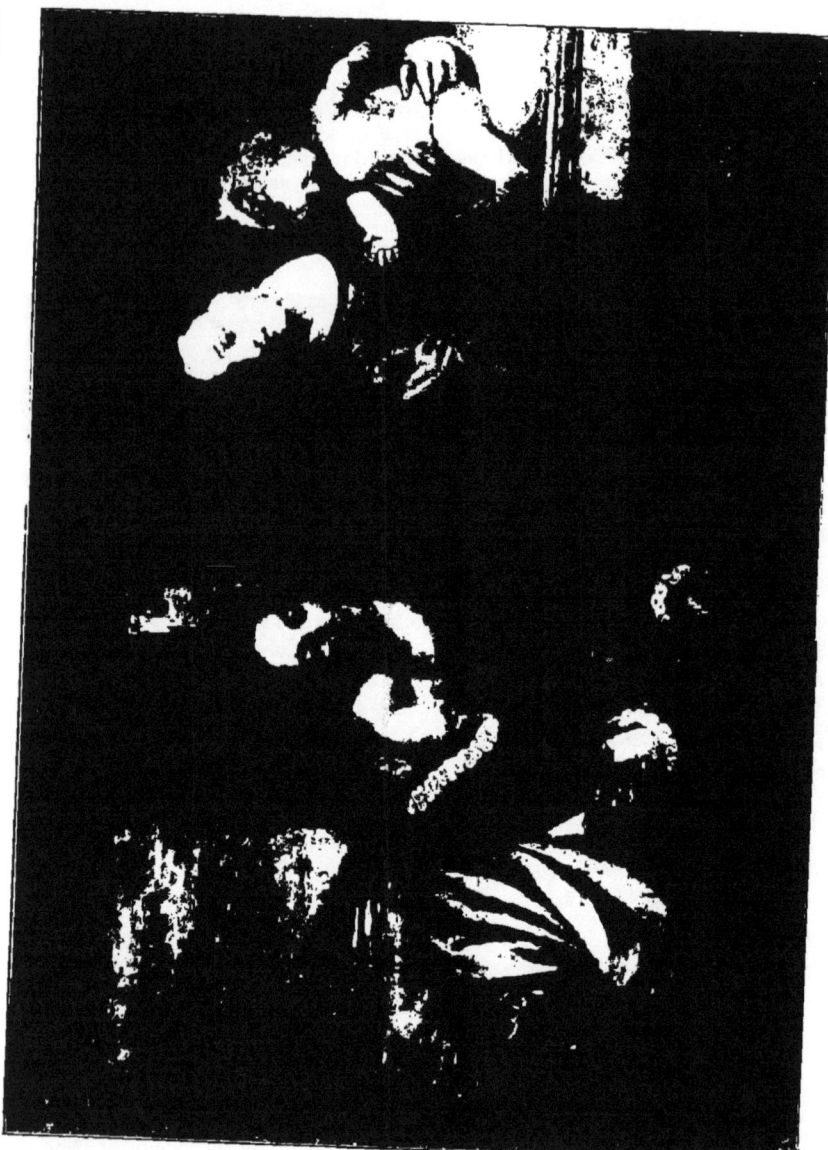

Abb. 42. Anbetung des Kindes durch die heilige Lucie.

Abb. 17. Auferweckung des Lazarus. Florenz. Uffizien. (Nach einer Originalphotographie von Braun, Clément & Cie. in Dornach i. E., Paris und New York.)

hervorgebracht, verkehrten allein in verwandten und befreundeten Künstlerzirkeln, und eine Katharina Cornaro, die als Königin von Cypern das Leben von höheren Gesichtspunkten kennen gelernt, nahm ihren bedrängt zu werden. Die Standes- und Zeitgenossin der Katharina war ein liebreizendes, zur Korpulenz neigendes bequemes Geschöpf, aber ihr Gedankenleben und, wenn auch nicht ganz so stark, doch immerhin bis

Abb. 44. Auffindung des Moses im Nil. Madrid.
(Nach einer Originalphotographie von J. Laurent & Cie. in Madrid.)

geistig reich belebten Witwensitz in Asolo und hauste dort mit Gelehrten, Künstlern und Dichtern als „Virago", als tonangebende Frau von Geist, wie das italienische Festland sie in der Renaissance hervorgebracht hat, — in Venedig hätte sie dies nicht durchführen können, ohne auf Schritt und Tritt von der Schlachtordnung der Geistesarmen zu einem gewissen Grade: ihr Seelenleben waren verkrüppelt und verkümmert. Wie die Venetianer in ihren Staatsverhältnissen freiheitliche mit despotischen Grundsätzen verbanden, so waren sie auch gegensätzlich in ihren Privatanschauungen, denn Geistesfreiheit und edle Pflege seiner Bildung wie ritterlicher Tugenden schloß frivolen Egoismuß nicht aus. Sie hatten im Orient das Haremsleben der Frau kennen gelernt, — verschlagen und kalt berechnend, wo es den Vorteil galt, bildeten sie demgemäß die Stellung ihrer Frauen nach gleichem Zuschnitt folgestreng aus. Und das um so mehr, als ihre Heiraten nicht Liebe noch irgendwelche persönliche Achtung und Bewertung der Frau zur Ursache hatten, vielmehr ein ständig wachsender Prunk entfaltet wurde. Dies arme Geschöpf kannte das Glück, die Welt nur aus der weiten Ferne des Hörensagens; eingeschlossen sein Lebenlang, zur Unthätigkeit verurteilt und von spionierender Dienerschaft umgeben, hörte es von seinem Zimmer aus sehnsüchtig das Leben draußen in wundersamen Tönen und Stimmen so lange rauschen, bis es zwischen seinen

Abb. 45. Susanne im Bade. Madrid.
(Nach einer Originalphotographie von J. Laurent & Cie. in Madrid.)

Geschäft um Mitgift, edlen Namen, gute Beziehungen waren. So lebte die edle Venetianerin ein eintönig-träges Dasein. Streng bewacht in der Jugend und zu Hause festgehalten, war das Mädchen kaum den nächsten Verwandten bekannt. Die Frau kam nur für wenige Schritte beim Kirchgang auf die Straße, und dann in Begleitung von argwöhnischen Zofen, — selten kam sie auf Feste und war sonst offiziell nur, wenn die Signorie die Damen ihres Kreises zu einem Bankett lud, bei dem dann Bet-Übungen, geringer Kinderaufsicht, Frauenklatsch, dem Geklimper etlicher Liedchen stumpf und dick geworden war. Es hatte kaum ein anderes Interesse als seine Kleidung und den Haarschmuck, — hier aber unterwarf es sich willig den peinigendsten Moden, um nur abgelenkt zu werden. Eine gewisse Zeit hindurch, im Cinquecento, waren unmäßig hohe Stiefelabsätze Leidenschaft dieser Frauen, die damit nur von zwei Dienerinnen gestützt gehen konnten und nach kurzen Wegen selbst qualvolle Schmerzen erdulden mußten. Als nach 1550 das Goldblondfärben der Haare aufkam, was nach dem Rezept eines französischen Arztes mit Güldenkraut, Gummiarabikum, trockener Seife und Feza ausgeführt ward, sah man sie viele peinigende Stunden hindurch auf Dächern und Balkonen die vorgeschriebene Trocknung durch die Sonne vornehmen. Das jährliche Hauptereignis im Leben dieses Automaten war der Himmelfahrtstag, weil die Frau dann in Begleitung eines verwandten Kavaliers der symbolischen Vermählung des Dogen mit dem Adriatischen Meer beiwohnen und hernach mit dem zu Messe und Karneval strömenden Volk nach der Merceria eilen durfte, wo jedesmal die soeben erschienene und nun für ein Jahr gültige neueste Pariser Mode — (Frankreich wurde in der zweiten Hälfte des Cinquecento in Venedig dafür maßgeblich) — an einer Puppe durch den angesehensten Modewarenhändler ausgestellt war. Dieses Frauenleben von Venedig war dem des alten Athen sehr ähnlich: es verlief freudlos hinter Mauern, während die schöne Welt draußen der verachtetsten ihres Geschlechts, der Hetäre, gehörte. — — Diese dicke, träge Frau mit dem natürlichen Liebreiz des Menschenschlags, mit dem geringen Geistesleben und dem Flitter weichlicher Luxuskünste, — dies Spielzeug für den Mann, das ein halb scheues, halb neugieriges Kind bis zu den ersten Runzeln blieb und eine verführerische Verträumtheit in allen seinen Bewegungen behielt, hat Veronese unzähligemal in allen Arten, Altern, Zuständen, — als Idealfigur, Göttin, Patrizierin, Bildnis, — gebildet, indem er rastlos die liebenswürdigsten Züge und Reize suchte. Die Tochter Pharaos auf dem Dresdener Mosesbild, die junge Frau auf dem ausgezeichneten Pariser, die Matrone auf dem Münchener Bildnis, die originelle Susanne im Prado und ebendort auf einer seiner schönsten Tafeln die Venus mit dem Adonis, die Jungfrau neben dem Greis im Dogenpalast, die Europa, die Veneziafiguren, die Glücksgöttin ebendort, die Unsterblichkeit, die Venus, die Balustradenfigur in Maser, seine Magdalenen, seine Ehebrecherinnen vor Christus gehören alle dazu und sind nur obenhin herausgegriffen aus einer Unzahl ähnlicher Schöpfungen von gleicher und noch größerer Vollkommenheit. Jede dieser Gestalten ist Zeugnis einer andächtigen Verehrung der Frauenpersönlichkeit und zugleich ein wichtiges kulturhistorisches Dokument, wie es außer dieser Quelle bisher kein zweites gibt. —

Seine schönsten und volkstümlichsten Bilder hat Veronese oft teils selbst teils durch Schüler in stets veränderten Repliken wiederholt und wiederholen lassen. Das Gastmahl ist wohl am häufigsten vorhanden und wird als Hauptwurf noch mehrmals zu nennen sein. Sofort nach dieser „Hochzeit von Kana" entstand indessen wohl auf einer Ferienreise das „Mahl Simons" für S. Nazaro in Verona. Er erholte sich hier von der außerordentlichen Arbeitsleistung und stärkte sich für eine neue große Aufgabe. Denn sogleich nach seiner Rückkehr schlug er seine Werkstatt wieder in S. Sebastian auf, um dort auf den Wandflächen in der Hochaltarkapelle den Gang der heiligen Marcus und Marcellianus zum Martertode sowie die Vorbereitungen zur Hinrichtung zu schildern. Die Arbeit dauerte von 1563 bis 1565. Das erste dieser beiden Bilder ist das schönere und gehört vor allem durch den lebhaft bewegten, wenn auch etwas unruhigen und von Gezwungenheit nicht ganz freien Aufbau sowie durch eine ungewöhnliche Steigerung des Ausdrucksvermögens in psychologischer Hinsicht zu Veroneses bemerkenswertesten Schöpfungen. Wir sehen vor uns die Treppe zum säulengezierten Gerichtsgebäude in einer italienischen Stadt und auf den Stufen eine bunte, vornehme, über irgend etwas in Aufregung befindliche Menschengruppe, auf die neugierige Frauen mit Kindern, Patrizier, Bettler, Häscher von der Straße, von Balkonen und Säulenbasen her schauen. Zwei gefesselte Edle werden herausgeführt; es sind die wegen ihres Christenglaubens mit dem Tode bedrohten Brüder Marcus und Marcellianus, auf welche der von seinen anderen Söhnen gestützte greise Vater, den der eine Gefangene anblickt, und die betagte Mutter, zu welcher der andere sich umwendet, mit der Kraft der Verzweiflung einreden, daß sie durch Abschwören der Christenlehre ihr Leben für Frau und Kinder erhalten, welche stehend und weinend an den Treppenstufen knieen. Ob diese Bitten Erfolg haben, hat der Maler in den ungewissen Zügen der Brüder nicht ausgedrückt, — sie scheinen zu schwanken. Mit erhobenem Arm aber vertritt in der Mitte dieser Gruppe der in

Abb. 46. Vision der heiligen Helena. London.
(Nach einer Originalphotographie von Braun, Clément & Cie. in Dornach i. E., Paris und New York.)

glänzende Rüstung gekleidete Hauptmann der Wache das Gewissen, welches stark zu sein befiehlt. Von edler Geburt und selbst heimlicher Christ bekennt sich der männlichschöne Offizier bei dieser Gelegenheit nunein auf Wolken schwebender Engel mit dem Evangelium gehört, hat dieses glänzend gemalte und formal schöne Werk sein Schwergewicht in der Sittendarstellung und der Schilderung von bewegten Menschengruppen

Abb. 47. Die Taufe Christi. Florenz. Pitti.
(Nach einer Originalphotographie von Braun, Clément & Cie. in Dornach i. E., Paris und New York.)

mehr gleichfalls öffentlich zum Christenglauben, um kurze Zeit darauf hierfür von Bogenschützen getötet zu werden und als eine der schönsten Märtyrergestalten fortab unter dem Namen des heiligen Sebastian der Legende anzugehören. Der ganzen Erscheinung nach ein Ceremonienstück aus Venedig mit großem Aufwand an äußeren Mitteln, wozu auch und kostbaren Stoffen; ist man mit der Märtyrergeschichte des heiligen Sebastian nicht bekannt und fehlt die gedruckte Erklärung von der Bedeutung des Vorgangs, so ist es schwer und fast unmöglich, sich diesen klar auszudeuten. Das ist eine Schwäche der venetianischen Kunst, die bei Veronese noch verstärkt ist, — es kommt ihm, dem bezaubernden Erzähler, der eine große Fülle von den schönsten Farben und fesselnden Umrissen überlegungslos zur Verfügung hat, eben lediglich nur auf den rhythmisch vollendeten Ausdruck an, mit dem er den Beschauer gewinnt und umschmeichelt, so daß

Nach der Überlieferung schließt sich an die Fertigstellung dieses Werks sowie einiger kleineren Tafeln für S. Sebastian, wobei auch die Stiftung einer Prozessionsfahne an die Mönche als Dank für eine zehnjährige Beschäftigung genannt wird, die einzige

Abb. 49. Bildnis einer jungen Frau. Paris. Louvre.
(Nach einer Originalphotographie von Braun, Clément & Cie. in Dornach i. E., Paris und New York.)

er leicht vergißt, nach der Bedeutung der Sache zu fragen. Solcher Darstellungen aber, die eine gemalte Pantomime in der denkbar vollkommensten Bühnenausstattung und mit dem ganzen Apparat des „großen und des kleinen Lichts" nach Goethes Faustvorspiel in Wirksamkeit gesetzt sind, trifft man viele in Veroneses Werk, — ihnen gehören fast alle Vorgänge an, die keine besonderen Eigenschaften von Bedeutung haben.

größere Reise, welche der seßhafte und nicht leicht aus seiner Werkstatt fortzuziehende Künstler unternommen hat. Er soll 1565 auf Einladung des Prokurators Girolamo Grimani diesen auf einer Gesandtschaft nach Rom begleitet und dort die vielgenannten Meisterwerke der Hochrenaissance wie die antiken Funde kennen gelernt haben. Er hat dort nach der gleichen Quelle mit hohen Prälaten Beziehungen angeknüpft, die fix-

Paolo Caliari gen. Veronese.

tinischen Fresken mit andächtiger Bewunderung angeschaut und von den schönsten Antiken sich Abgüsse anfertigen lassen. Diese haben dann bis zu seinem Tode sich in seiner Werkstatt befunden. Betrachtet man die Jupiterkomposition im Dogenpalast, welche mangels genauerer Datierung innerhalb eines mehrjährigen Zeitraums entstanden sein kann, so liegt eine gewisse Bestätigung darin; es ist eine merkliche Anlehnung an Michelangelo festzustellen, und Veronese könnte danach wohl die Decke der sixtinischen Kapelle gekannt und das Gottvatermotiv in seine anmutigere und mildere Art übersetzt haben. Aber weder um dieses Vorbilds noch um der antiken Abgüsse halber brauchte er nach Rom zu gehen. Der Sammeleifer war damals sehr groß, und dementsprechend blühte ein reger Kunsthandel. Die Abgüsse waren leicht im Studio eines venetianischen Nobile oder eines der norditalischen Kleinfürsten kennen zu lernen und noch leichter zu erwerben, und Zeichnungen nach den sixtinischen Fresken konnte irgendein Schüler auf einer römischen Studienreise gefertigt und nach Venedig mitgebracht haben. Der Michelangelo-Kult hatte zu jener Zeit längst begonnen, in Italien um sich zu greifen, talentvolle Kräfte nach Rom wenigstens vorübergehend zu ziehen und eine stattliche Schule schauderhafter Fresko-Akrobaten anzuregen, deren Namen lieber der Vergessenheit anvertraut bleiben. — Janitschek bestreitet mit überzeugenden Gründen, daß eine solche Reise Veroneses stattgefunden hat. Nach den Staatsakten in den venetianischen Archiven ist Grimani nicht 1563, wohl aber früher und später als Specialgesandter in Rom

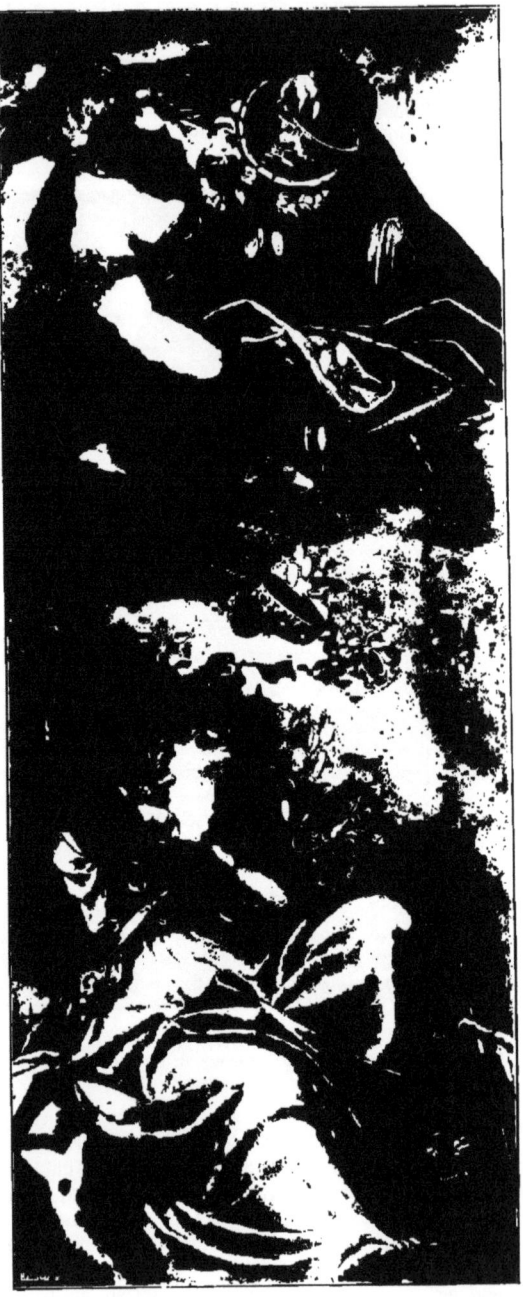

Abb. 19. Juno schüttet ihre Schätze auf Venedig aus.
Brüssel.

Abb. 50. Alter mit einem jungen Weibe. Venedig. Dogenpalast.
(Nach einer Originalphotographie von J. Löwy in Wien.)

gewesen, zu diesen beiden Zeitpunkten indessen Veroneses Anwesenheit in Venedig durch Arbeiten während derselben nachgewiesen. Da man damals bei den vorhandenen Verkehrsmitteln und dem davon bedingten Reisetempo solche Fahrten nicht auf ein paar Wochen machen konnte, scheint damit die Überlieferung in sich zusammenzufallen.

Dieser augenscheinlich unhaltbaren römischen Reise zuliebe ist bisher eine der schwungvollsten Schöpfungen des Künstlers: der „Jupiter" im Ratssaal der Zehn, dem sich würdig als Juwel von veronesischer Grazie der „Alte mit dem jungen Weibe" gesellt, nach 1565 angesetzt worden, obwohl alle Zeichen für eine um mehrere Jahre früher stattgefundene Fertigstellung sprechen. Denn hier ist eine warmbeseelte Inspiration und ein graziöser Schwung leichter Künstlerhand zu spüren, der mit den Arbeiten in Tiene, den Marcusbibliothekgestalten fühlbaren Zusammenhang hat, dagegen in den übrigen Werken vor Maser zurücktritt und von einem mehr schweren, kunstmäßige Vollendung berechnenden Ernst ersetzt wird. — In einer freien Weise, die von Paolos sonstiger Art zu komponieren und eine Figur von einem Stützpunkt her zu entwickeln abweicht, sehen wir in herrlicher Körperbildung den Göttervater zürnend seinen Blitzstrahl gegen finstere, in lebendigem Rhythmus stürzend geschilderte Gestalten schleudern, welche die Verbrechen darstellen. Das prachtvolle Werk ist jetzt im Dogenpalast durch eine Kopie ersetzt, während das auf Leinwand gemalte Original sich nunmehr im Louvre befindet, nachdem es früher das Schlafzimmer Ludwigs XIV. in Versailles geschmückt hatte. Ein zweites Bild, dessen Original sich in Brüssel befindet, ist in der Weise der tizianischen Danaebehandlungen der Verherrlichung Venedigs (Abb. 49) gewidmet, welches als ideal schöne Frauengestalt hingelagert ist und von oben her von der etwas drückend nah angebrachten und nicht minder lieblichen Juno mit allen Gaben des Reichtums überschüttet wird. Das dritte schon genannte Werk (Abb. 50), behandelt als eines der reizendsten Gedichte von dieser Hand einen sehr alten Mann von mächtigem Gliederbau, mit weißem wallendem Bart, der, gedankenvoll das Kinn auf die Faust gestützt, von einer Art Thronsitz in die Ferne schaut. Es ist in Haltung und Blick etwas so über alle Zeit hinweg in der Betrachtung des Ewigen Versunkenes darin, eine solche Abgeklungenheit des Gegenwartsinns, daß der Kontrast des blühenden jungen Lebens neben dem Knie des Alten in dieser züchtig den Kopf senkenden und mit den Händen das Kleid vor die üppige Büste ziehenden Schönen ein sehr stark wirkender ist. Was in diesen beiden Gestalten gleichsam als eine Stimmung aus Vergangenheit und Zukunft mit dem rauschenden Wehen der Zeitalter zu uns spricht, dürfte sich schwer in eine treffende Deutung übersetzen lassen; Veronese ist im Kreis seiner Eingebungen weder tief noch weitschauend genug, als daß man ihm eine bewußte Absicht auf eine Allegorie solcher Art, die für seine Zeit etwas Neues und Bedeutendes gewesen wäre, zutrauen könnte. Man kann sich deshalb an der thatsächlichen Darstellung eines Alten mit einer jungen Frau genügen lassen, die,

Abb. 51. Heilige Familie. Paris. Louvre.
(Nach einer Originalphotographie von Braun, Clément & Cie. in Dornach i. E., Paris und New York.)

wenn auch von wunderschöner Kunst, doch lediglich als Füllsel und ohne tiefere Auffassung gemalt ist.

Eines der vollendetsten Meisterwerke steht schließlich am Ende dieser fruchtbaren Periode, nach der des Künstlers Leben eine Veränderung gegen bisher erhält und seine Kunst immer mächtiger, vielartiger, erfolgreicher Ausdruck für das brausende Leben dieser in hohen Wogen dahinziehenden Zeit findet. Als Spiegel der venetianischen Gegenwart von der zweiten Hälfte des XVI. Jahrhunderts der „Hochzeit von Cana" verwandt, eine Repräsentationsstück größten Stils, gleicht es ihm auch in der sehr glücklichen Lösung der Komposition mit ihren großen malerischen Freiheiten, — es erscheint dagegen schärfer und zusammengefaßter in der Herausarbeitung der Idee, steht aber in der Ausrundung des Ganzen, im Treffen des Gleichgewichts sicher gegen jenes zurück. Es ist die im Winter 1565 zu 1566 entstandene „Familie des Darius" (Londoner Nationalgalerie) (Abb. 52). Nach einer von d'Argenville überlieferten Anekdote soll Caliari dies umfangreiche Werk, während er im Landhause der ihm befreundeten Pisani auf Besuch weilte, in aller Heimlichkeit gemalt und als ein Gastgeschenk hinterlassen haben, das erst nach seiner Abreise gefunden ward. Der Umfang des Bildes widerspricht dem ebenso wie eine andere Überlieferung, daß die Hauptpersonen Bildnisse der Pisanifamilie sind. Ohne Aufsehen zu erregen, hätte er so viele Bildnisstudien kaum anfertigen können, so daß wohl lediglich eine hübsch erfundene Anekdote vorliegt. Der Vorgang spielt sich auf der Hofterrasse eines reichen Hochrenaissancepalastes ab, der gegen draußen durch eine auf Bogen ruhende Galerie von sehr vornehmen Verhältnissen und schönen Formen abgeschlossen wird. Auf ihr befinden sich zahlreiche Zuschauer, die natürlich Abschriften vom besten Marcusplatz-Publikum wie die Handelnden selbst sind. Als ein schöner und stattlicher Mann ist Alexander mit seinem Gefolge von Generälen, Vertrauten, Hartschieren, Pagen und Schildträgern auf die Terrasse getreten und seine Handbewegung sowohl gegen die Mutter des Darius als gegen den nebenstehenden Hephästios deutet auf die berühmte Beschwichtigung wegen des Irrtums der Matrone. Diese, um deren Schulter ein Her-

melinumhang fällt, kniet vor dem König und bei ihr die jugendschöne Frau sowie die Kinder des Darius, während ein alter Mann an der Brüstung redend auf die Gruppe der Flehenden weist. Ein Affe an der Kette spielt auf der Treppenbalustrade, dem ein buntgekleidetes persisches Paar, — die Frau kniecend, — vom Gefolge der Königinnen zuschaut. Der Hof im Hintergrund ist mit Gewaffneten zu Fuß und zu Pferde angefüllt. An dem Bild fällt die ganz ausgekantete, abgeschlossene, fast abgeschliffene Durchbildungsweise nicht allein, sondern auch in der Wahl der Personen bei aller realistischer Lebenstreue die feine Hand für individuell schöne, edle, ritterliche, wahrhaft vornehme Manneserscheinungen und durch und durch aristokratische Frauengestalten von diskretem Liebreiz auf. Dem entspricht in einer eigentümlichen Weise die Galeriearchitektur, die in der Mitte von einem altertümlichen anscheinenden Brunnengehäuse von obeliskenartiger Form überschnitten wird. Das ist in allen Teilen eine abgeschlossene Ausbildung, ein natürliches Ausgewachsensein, das überall den Begriff des Idealen verkörpert. Es ist ausgeglichen in jener Art, die den Höhepunkt einer stilistischen Entwickelung sofort erkennbar macht und hinter der es nur einen Verfall, kein weiteres Höherklimmen mehr gibt. Ein sehr interessantes Zusammentreffen hat uns genau denselben Vorwurf von der Hand Sodomas, des feurigen Spätlings der Frührenaissance in einem berühmten Bild, das etwa sechzig Jahre vor diesem Veronesischen entstanden ist, hinterlassen. Der Vergleich ist geradezu packend. Dort in dem prächtigen Werk der junganfsteigenden Renaissancekunst ein naturburschenhaftes Kraftgeschwollensein; Ort des Begegnens das Lagerzelt, aus dem der reiche Harem des Persers getreten ist, um den mit dem Geruch des Krieges erscheinenden Macedonier, welchen siegtrunkene Soldaten umringen, um Gnade und Bewahrung vor dem barbarischen Gefangenenlos anzuflehen, — alles breit, weit, primitiv, von einer künstlerischen Naturwüchsigkeit des Menschlichen, — hier beim Spätrenaissancekünstler der parfümgeschwängerte Hofton, in dem jedes individuelle Gefühl unterdrückt, die Triebe gebrochen, nichts mehr Instinkt eines edlen jungen Herzens, sondern alles Staatsklugheit scheint. Diese Handelnden geben

Abb. 52. Die Familie des Darius. London. Nationalgalerie.

Paolo Caliari gen. Veronese.

Abb. 53. Handzeichnung. Maria mit dem Kinde. Paris. Louvre.
(Nach einer Originalphotographie von Braun, Clément & Cie. in Dornach i. E., Paris und New York.)

sich die seit Byzanz üblichen Titel und die programmmäßig sich vollziehenden Wechselreden sind von den beiden Kanzlern der feindlichen Staaten wörtlich vorher festgestellt. Zwischen diesen beiden merkwürdigen Bildern hat die Hochrenaissance ihren mächtigen Siegeszug gethan und scheinbar klingt sie jetzt in diesem letzten Veronese aus.

Man mag die ganze Kunstleistung seitdem durchsuchen, — man wird kein zweites Werk wie dieses finden, das in so vollständig ausgeglichener höfischer Vornehmheit einen Höhepunkt bezeichnete. Im höfischen Bildnis an sich freilich kann Veronese mit Velasquez und van Dyck in dieser Art nicht verglichen werden. — — Als eine parallele Arbeit zu dieser „Familie des Darius" kann übrigens eine leider sehr ramponierte „Königin von Saba, welche dem Salomo Geschenke überbringt" (Turin) gelten; — sie stimmt in ihrer stilistischen Eigentümlichkeit mit obigem Bild so sehr überein, daß von einer Besprechung abgesehen werden kann.

* * *

Paolo Veronese stand jetzt auf leicht erklommener Höhe seines Lebens, seiner Kunst und seines Ruhms. Aus engen Verhältnissen durch seine haushälterischen Anlagen schon zu einiger Wohlhabenheit gelangt, konnte er seine Liebhabereien für kostbare Stoffe, Geschmeide, Prunk, für Jagd, Hunde, reichgekleidete Diener vollauf befriedigen, da er kaum die Aufträge schaffen konnte, trotzdem Arbeitskraft wie Arbeitslust bei ihm gleich groß waren. Er war im achtunddreißigsten Lebensjahr, sah aber reifer aus, wie das zwei bis drei Jahre vorher geschaffene Selbstbildnis in der „Hochzeit von Cana" beweist. Er ist da eine interessante, nicht unangenehme Erscheinung. Die Figur stattlich, ein wenig schwerfällig, der Kopf groß und mit starken, ausgearbeiteten Formen darin; die Nase ist ziemlich kräftig, aber wohlgeformt und hervorspringend, und in der unteren Gesichtspartie, welche von Schnurr- und Backenbart verdeckt, sind die negerhaften Wulstlippen des großen Mundes nicht minder charakteristisch. Dazu liegen die sinnenden Augen tief unter stark gewölbten Lidern, aber nicht allzu tief unter der hohen und zurückliegenden Stirn; das Ohr ist kühn geschwungen und beträchtlich. Das Animalische des Temperaments tritt in dieser Physiognomie bestimmend vor, — es ist dazu ein heimlicher, dauerhafter, aber nicht intensiver Beobachter, — es ist auch ein Arbeiter, der, einmal warm im Thema, aufhört, wenn er dem Umfallen nahe ist, — es ist im Großen und Ganzen ein ruheliebender Mensch mit mehr Bequemlichkeit als Gemüt, der sich mit Redensarten und verlegenem Lachen um einen ernsten wie scharfen Disput herumdrückt. Es geht in seinem Kopf viel vor, wenn auch unmethodisch und sozusagen gedankenlos. Dieselbe Physiognomie hat bei seinem neun Jahre jüngeren Bruder sogar einen borniertem Zug, der bei Paolo allerdings nicht zu erkennen ist. — Anno 1565 mußte Veronese sich wohl der Thatsache nicht mehr verschließen können, daß er in dem salzfeuchten Klima von Venedig schon bedenklich Haare gelassen habe und die Stirn ihm immer mehr nach hinten rückte, — item, daß jetzt die höchste Zeit zum Heiraten sei. Er ging also nach Verona, wo die älteste Tochter seines 1560 verstorbenen Meisters und Oheims, Helena Badile, lebte und damals dreiundzwanzig Jahre alt war, und diese heiratete er im Frühjahr 1566, wobei Farinati und Schiavone seine Trauzeugen waren. Auf dem schönen Louvrebilde der „Jünger von Emmaus" (Abb. 54) sollen die Familienangehörigen des Künstlers zu finden sein. In dem einen Jünger ist auch der älter gewordene Künstler zu erkennen und danach wie nach dem Alter der Kinder scheinen inzwischen zehn bis zwölf Jahre vergangen zu sein. Ist die Hausfrau hier in der That Veroneses Gattin, so war sie ein reizendes Geschöpf mit lieben Zügen. Es sind zehn Kinder dargestellt; ob alle aus dieser Familie stammen, ist so wenig bekannt wie das Familienleben selbst, das indessen nach allen Anzeichen sehr glücklich gewesen sein muß. Man kennt nur zwei seiner Söhne, die beide Maler wurden. Gabriel, der 1568 wohl als erster geboren ist, lebte am längsten; er schloß nach dem Tode seines Oheims Benedetto und seines 1570 geborenen, sehr begabten Bruders Carletto etwa 1598 die bisher gemeinsam fortgeführte Werkstatt und wurde Kunsthändler. Er starb dann 1631 in seinem dreiundsechzigsten Jahre, ohne je wieder hervorgetreten zu sein. Sonst ist aus dieser Zeit von den Lebensverhältnissen Veroneses nur bekannt, daß er sein erstes Heim mit seiner jungen Frau im Kirchspiel S. Samuele in der Calle Mocenigo, und zwar in den Häusern des Signore Ferrighi aufgeschlagen hatte. — Die infolge dieses jungen Glückes seit 1566 nun besonders angefeuerte Schwungkraft eines schon an sich heiteren und daseinsfrohen Naturells hat sich im Sommer dieses Jahres in der Ausmalung eines Landhauses zu Maser (auch Masero, Masiera) nahe bei Asolo in einer der schönsten Schöpfungen Veroneses ausgelebt, die von einem duftigen Blütenhauch umschwebt scheint. Dieses in anmutiger Berglandschaft gelegene Landhaus war von Palladio erbaut, von Alessandro Vittoria mit Bildwerken geschmückt und Veronese durch die Besitzer zum malerischen Schmuck vorbehalten. Das Heim und die

Abb. 51. Die Jünger von Emmaus. Paris, Louvre.

Bauherren, zwei venezianische Patrizier (Abb. 55 u. 56) namens Daniel und Marcantonio Barbaro, Veroneses Gönner und Freunde, tragen das fürstliche Gepräge der Spätrenaissance auf dem Boden S. Marci so sehr und sind so typisch, daß Yriarte den Marcanton in seinem schon angeführten Buche gleichsam als Leitfaden für seine interessanten hervorragenden Künstlern befreundet, auch diplomatisch thätig gewesen und lebte einträchtig als Cölibatär in der Familie seines jüngeren Bruders Marcanton. Dieser war ein Renaissancemensch im monumentalen Stil. Staatsmann, Diplomat, Gelehrter, Kunstdilettant, ist er nach der Vorschrift des Patrizierstatuts vom Jahr der Mündigkeit ab

Abb. 55. (? Tintoretto), Bildnis des Marcantonio Barbaro. Wien. Belvedere.
(Nach einer Originalphotographie von J. Löwy in Wien.)

Schilderungen benutzt hat. Der ältere Bruder Daniel hatte sein Erstlingsrecht an den jüngeren abgetreten und war geistlich geworden, in welchem Stande er 1570, also bald nach dieser Zeit, als höchster Prälat von Venedig mit dem offiziellen Amtstitel des Patriarchen von Aquileja starb. Eine feine Gelehrtennatur, wie Veronese sie in seinem Dresdener Bildnis mit dem stillen Bücherfrieden im Gesicht uns sympathisch geschildert hat, war er Geschichtsschreiber, Vitruv-Übersetzer, eminent kunstsinnig, mit bis in seine letzten Tage unermüdlich für den Staat thätig und in dreißig Stellungen dabei erprobt. Fast durch das ganze damalige Europa als Gesandter geschickt, energisch, klug, würdevoll, suchte er seine Erholung von schwierigen Aufgaben in Kunst und Wissenschaft; im Besitz vielseitiger Bildung und hoher Gesinnung war er mit vielen Koryphäen seiner Zeit durch Briefwechsel oder persönlich verbunden. Pietro Bembo, Sperone Speroni, Tasso, — Palladio, Vittoria, Veronese, — es sind die besten Namen,

Abb. 57. Bildnis des Daniele Barbaro. Florenz. Pal. Pitti.

die in diesen Tagen zu finden waren. In Wien hängt ein Veronese zugeschriebenes, ihm aber neuerdings von Wickhoff mit Recht aberkanntes und auf Tintoretto getauftes Bildnis nach ihm. Ein selbstbewußter Charakterkopf. In Nase und Augen viel harte Energie, Scharfblick und Verschlagenheit, die sich mit keinem Zucken verrät. Es ist aber auch ein Mann, der genau weiß, was er wert ist. — Solcher Art waren Veroneses Auftraggeber; der Umgang mit ihnen und ihr verständnisvolles Kunstinteresse regten ihn an, um so mehr als ihm in der Ausführung des Auftrags freie Hand gelassen war. Er konnte sich frei in seiner unerschöpflichen Gestaltung bewegen, ohne irgendwie durch Wünsche eingeengt zu sein. Seine Malereien befinden sich ausschließlich im Oberstock, der eine große durchlaufende Galerie mit einem diese kreuzenden Querarm und einer Kuppel auf der Vierung enthält. Parallel zur Hauptgalerie befinden sich die Wohnräume der Familie. Und hier ist die Wirkungsstätte, in der Veronese zwischen 1564 und 1568, ziemlich wahrscheinlich aber 1566 während eines Sommers eines seiner reizendsten Werke geschaffen hat. Religiöse (Abb. 58), mythologische, genrehafte Darstellungen hat er in reicher Fülle hervorgerufen, teils wie er den Geschmack des Raumbewohners zu treffen glaubte, teils Improvisationen seiner eigenen Daseinslust und seines Gefallens an der Familie seiner Wirte, die er unter den Figuren neben seiner eigenen Person abgebildet hat. Das Schwergewicht dieser Schöpfung liegt indessen in der Kuppel, während die große Galerie, als abendlicher Versammlungssaal oder Wandelhalle bei schlechtem Wetter und als Zugangskorridor benutzt, nur acht Figuren in ge-

Paolo Caliari gen. Veronese.

malten Nischen mit Trophäenschmuck dazwischen aufweist.

Ob Veronese geahnt hat, als er zum Vorwurf der Kuppelmalerei (Abb. 59) die „Unsterblichkeit" nahm, daß die Bauherrenfamilie, dies Haus und seine Schöpfung darin als ein glänzendes Stück Kulturgeschichte die Jahrhunderte überdauern und jeden als ein reizendes Idyll erfreuen würden, der nachmals durch Bild, Schrift und Wallfahrt in den Geist jener Zeit einzudringen suchte? Es ist ein Schwung in diesem Kreise, wie er selbst bei diesem dithyrambischen Schilderer der Welt der Grazien nicht oft zu finden ist, — und ein Farbenrhythmus, daß man selige Zukunftszuversicht darin zu lesen meint. Wie leicht und getragen schwebt dieser holdselige Genius der Unsterblichkeit auf dem Rücken eines fledermausartigen Flugtiers dahin, — wie außerordentlich zwanglos, mit dem ganzen Reiz des flüchtigen Zufalls sind um ihn die Olympischen in der Frühlingsfrische sorglosen Daseins gelagert: Apollo, der mit begeistertem Auge die Lyra spielt, — Aphrodite in prächtiger Bildung des entblößten Rückens, wie sie zum Nachbar Hermes hinüberschaut, — Artemis, die mit einem Hunde spielt, — der gedankenvolle greise Saturn mit der Sense, der wie ein Beduinenscheich von einem Burnus verhüllte Zeus mit dem Adler, — Ares, der den Lyraklängen lauscht. In den vier Ecken dieses Kuppelmittelstücks befinden sich dann die vier Elemente der Alten in prächtigen Gestalten dargestellt, und zwischen ihnen vier trennende Felder mit gemalten Skulpturen, wie sie Veronese unten in der Hauptgalerie sowie in anderen dekorativen Arbeiten nach Michel-

angelos Vorbild vielfach verwendet hat. Ihren Abschluß erhält diese Kuppelmalerei durch eine nach zwei Seiten fortgesetzte Architekturdarstellung, deren Art das echte veronesische Gepräge zeigt: den virtuosen Tausendkünstler, der spielend alle perspektivischen Probleme löst und mit ihnen überraschende Wirkungen sucht, wie sie mit der reinen Kunst freilich nichts zu thun haben und von schlagender Bezeichnung für den Verfall der

Abb. 57. Studie. Wien.
(Nach einer Originalphotographie von Braun, Clément & Cie. in Dornach i. E., Paris und New York.)

Abb. 58. Verlobung der heiligen Katharina. (Zimmerlünette in der Villa Maser.)
(Nach einer Originalphotographie von Gebr. Alinari, Florenz.)

Renaissancebewegung sind. Wie er schon in einem der geschlossenen Räume unter Anderem einen Jäger mit seinem Hund in offener Thür so täuschend abgebildet hat, daß er in Wirklichkeit dort zu stehen scheint, so hat er auch hier seiner übermütigen Künstlerlaune freien Lauf gelassen, nachdem er in glücklich gelungener Dichtung und noch besserem malerischen Gelingen mit graziösem Ernst das Hauptfeld bezwungen; an die abstrakten Vorstellungen, die der Bildungsweise des Renaissancemenschen entsprechend der Mythologie seiner Vorfahren entnommen sind, schmiegt er ein Stück sinnenfroher Wirklichkeit: auf dem durch zwei gewundene Säulen und drei Thüröffnungen geschickt gegliederten Balkon der einen Seite erblickt man eine alte Dame mit einem Hündchen und neben ihr eine stattliche junge Frau sowie einen Knaben, der einen Pfau auf der Balustrade neckt. Die Aufmerksamkeit der schönen Venezianerin ist der anderen Seite zugewandt, wo je ein Jüngling rechts und links einen die Balustrade in der Mitte entlang laufenden Pavian reizen. Hier spiegelt sich der echte Veronese mit seinen fröhlichen Privatneigungen und dem geistigen Sichgehenlassen gerade so anziehend wie in den übrigen Gruppen von Maser, den Reitern, Musikanten, Sängern, den Lünettenbildern dieser Kuppel, welche Sommer und Herbst in geistreicher Weise allegorisieren. Als Maler, Zeichner, Erfinder immer froh und leichtherzig, fabelhaft geschickt, nie um einen überraschenden und geistreichen Ausdruck verlegen, jugendfrisch, und trotzdem er von allen Vorgängern gelernt hat, frei von herkömmlichen Ideen wie Manieren, liebreizend und schmeichlerisch — ist er, mit zwei Worten gesagt, der interessanteste Malerfeuilletonist, den jene Zeit hervorgebracht. Michelangeleske Gedankengröße und Tizianische Malerbedeutung in ernstem Sinne darf man bei ihm so wenig suchen als feine Psychologie und Fähigkeit, am Menschen mehr zu sehen, als der erste Eindruck hervorruft. Er ist ein blendender Schilderer in einer Zeit, in der kritischsatirischer Geist den großen Dichterschwung schon gebrochen und das Gehirnleben wie den Pulsschlag schon geschwächt hat, — in einer Zeit des Verfalls und der Reaktion, die nichts mehr ernst zu nehmen beginnt als das Vergnügen. In dieser Zeit aber ist Veronese neben Torquato Tasso, — der von größerem Kaliber als der Maler, aber durch ein tragisches Schicksal noch mehr gehemmt erscheint, — allerdings wohl die ansprechendste Erscheinung. Er war eben ein Glücksmensch, in dessen Seele ein tragischer Konflikt etwas Unmögliches gewesen wäre, denn er hätte nach einem furchtbaren Schicksalsschlag vielleicht sich satt geweint wie ein Kind, dann aber in lächelnder Leichtherzigkeit sein Glück von neuem versucht. Das ist aber nie nötig gewesen, denn ihm fiel alles mühelos in den Schoß, — selbst der Tod, der ihn vor den Gebrechen des Alters nach einem kaum stundenlangen Kampf und mit dem Nachklang einer prunkvollen Feierlichkeit fortnahm.

Inzwischen hatte der Ruf der „Hochzeit von Cana" in S. Giorgio Maggiore sich über das ganze venezianische Gebiet verbreitet. Wallfahrende oder in Klosterangelegenheiten reisende Mönche hatten daheim wohl Wunder von diesem Riesenwerk und seiner Anziehungskraft auf die Menge berichtet, denn es kamen in den folgenden Jahren Wünsche nach gleichen Schöpfungen von allen Seiten, die eine ganze Reihe von Meisterwerken in immer neuer Abwandlung des Themas hervorriefen; daneben gingen dann aus Veroneses Schülerwerkstatt wohl für minder gut zahlende Besteller eine Anzahl weniger bedeutender Repliken hervor, die heute in vielen Museen zu finden sind. So ist eines der frühesten und farbenschönsten das für S. Nazario e Celso zu Verona gemalte und etwas abweichend von Veroneses beliebter Art komponierte Gastmahl des Simon (jetzt Turin). Es scheint 1566 zugleich mit einem Martyrium des heiligen Georg für S. Giorgio entstanden zu sein, als Paolo sich in Verona befand, um seine schöne Cousine Helena Badile heimzuführen. — Um 1570 entstand ein anderes Gastmahl des Simon (jetzt Mailand) (Abb. 62) für S. Sebastian, und sogleich darauf ein neues für S. Giovanni und Paolo (jetzt Venedig) anno 1572, das später, nachdem die Inqui-

Abb. 59. Kuppel der Villa Maser (jetzt Giacomelli).
(Nach einer Originalphotographie von Gebr. Alinari, Florenz.)

Abb. 60. Bildnisstudie. London. Britisch Museum.
(Nach einer Originalphotographie von Braun, Clément & Cie.
in Dornach i. E., Paris und New York.)

nur eine episodische Figur im ganzen, obgleich er hier wie schon auf dem Hochzeitbilde und überall die Mitte einnimmt. —

Inzwischen hatte wahrscheinlich ein guter Freund oder ein Kollege, der überzeugt war, die Sache noch besser zu verstehen und das Honorar dafür noch gescheiter anwenden zu können, den braven Vätern von S. Giovanni und Paolo ins Ohr geblasen, daß die Auffassung dieses Simonmahls in ihrem Refektorium allzu unheilig sei und schwache Herzen mit verderblicher Weltlust bethören könne. Der Prior scheint Veronese vergeblich um eine Änderung ersucht zu haben. Dieser erhält eines Tages einen schwarzgesiegelten Brief von den Vätern des Inquisitionstribunals mit der freundlichen Bitte, sich am 18. Juli 1573 bei ihnen einfinden zu wollen, damit man sich im allgemeinen ein wenig über Kunst mit ihm unterhalten könne. Worauf die Sache hinauslief, war nicht gesagt,

sition darüber gekommen war, in ein Gastmahl des Levi (Abb. 63) umgetauft ward. Im gleichen Jahre schuf der Künstler für das Kloster der Madonna vom Monte Berico ein Gastmahl des heiligen Gregor. Bei allen diesen und späteren Gastmählern verwendet Veronese mit Meisterschaft vorwiegend eine Säulenhalle mit reichen Architekturperspektiven und der von Lionardo begründeten und hier nur feiner aufgelösten Dreiteilung zur Umrahmung des Vorganges, der nicht mehr und nicht weniger ist als die Darstellung eines Herrenfestessens in einem der reichen Paläste von Venedig. Kavaliere unterhalten und bewegen sich, Diener laufen hin und her, Hunde spielen herum, Landsknechte, Papageien, Zwerge, Kinder, Neugierige hinter Säulen oder auf den Balkonen im Hintergrund beleben den Anblick mannigfaltig. Christus, unter den Zöllnern bei Levi, und von der Magdalena bei Simon bedient, ist

Paolo aber, wie das noch erhaltene Protokoll ergibt, vermutungsweise bekannt. Jenseits der S. Marcusgrenzen war solche Aufforderung nicht ganz ungefährlich, und mancher, der in diesen kraftgenialischen Zeiten sonst noch etwas auf dem Gewissen trug, hätte gezittert oder gar sein Pferd zu einem Spazierritt über die Landesgrenze satteln lassen. An diesem schönen Ort aber war die Sache nicht so schlimm, und dem Künstler wird, als er seine Ehrenkette umlegte, das Herz nicht übermächtig geklopft haben. Denn Venedig hatte dem Papst zwar ein Inquisitionstribunal für Glaubenssachen zugestanden, aber dessen ohnehin beschränkte Zuständigkeit erstreckte sich nicht auf Kunst und Litteratur. Und falls die Zuständigkeitsfrage auch gegen Paolo entschieden wäre, so blieb der Signorie nach dem mit Nikolaus V. geschlossenen Konkordat doch das Recht, ihren Interessen zuwiderlaufende

Inquisitionsentscheidungen aufzuheben; sie würde namentlich bei einer solchen Bagatelle einen ihrer gefeiertsten Maler schwerlich haben sitzen lassen. Wäre der Künstler schneidiger gewesen, so hätte er danach die Citation nicht beachtet oder höflich geschrieben, daß er dringend beschäftigt sei und außerdem die schwarze Farbe der Richtergewänder als Maler haßte, weshalb es ihm leid thue u. s. w. Als ein höflicher Mann ging er aber hin, und diesem Zufall verdanken wir eine der interessantesten Quellen zur Zeitgeschichte wie für die persönliche Art des uns sonst so wenig bekannten Künstlers. Das Protokoll ist bei Guhl-Rosenberg abgedruckt und die Herausgeber bemerken mit Recht, daß Veronese danach kein gebildeter Mensch gewesen sei. Auf den Vorwurf, daß er einen Mann, der sich mit blutender Nase über das Geländer beuge, Zwerge, Hunde, Papageien, hinkende deutsche Landsknechte in einer so heiligen Darstellung angebracht habe, und auf die Frage, warum dies eigentlich geschehen sei, giebt er die schöne Antwort, daß die Maler gleich wie die Dichter und „Narren" sich solche Freiheiten herausnähmen. In diesem Beweisstil geht es weiter und aus ihm tritt eine solche Unbehilflichkeit des Denkens zu Tage, ein solches Banausentum, daß man den eleganten Maler der großen Welt von Venedig nicht wiederzuerkennen glaubt. Fast möchte man für ein Märchen halten, daß dieser Mann gesellschaftlich mit den geistig hochstehenden Patriziern von Venedig verkehren und in seiner Sinnesaufnahme von der Erscheinungswelt so fein und verständnisvoll sein konnte, als es der Fall war. Mangelhaft erzogene Künstler von Bedeutung waren in der Renaissance ebenso häufig als zu anderen Zeiten, und wie Michelangelo, Lionardo, Albrecht Dürer, Max Klinger, welche neben bedeutenden Werken der Kunst scharfsinnige theoretische oder ästhetische Schriften verfaßt haben, waren sogar immer selten. Aber die Kunst bringt bei einiger Bedeutung immer Bildung mit sich, worin sich erklärt, daß im Elementaren oft bis ins hohe Alter hinein unsicher gebliebene Kunstautodidakten geistig die regsamsten, interessantesten, oft jeden wissenschaftlichen Kopf gewachsenen Menschen sind. Mit welcher Eleganz wußte Raphael seine weltmännischen Manieren auch mit der Feder zu behaupten und seinen Mangel an Kenntnissen zu verdecken! Veronese ist ein Phänomen vom Gegenteil. Die Ortho-

Abb. 61. Studie zum Mailänder Simon-Gastmahl. Venedig.
(Nach einer Originalphotographie von Braun, Clément & Cie. in Dornach i. E., Paris und New York.)

Abb. 62. Gastmahl beim Pharisäer Simon. Mailand. Pinakothek. (Nach einer Originalphotographie von Giacomo Brogi, Florenz.)

graphie in einem einzigen von ihm erhaltenen und bei Guhl abgedruckten Brief geschäftlicher Art ist ganz mangelhaft, sein Geist den natürlichsten Fragen über seine Kunst nicht gewachsen. Daher stammt denn auch die geistige Unbedeutendheit seiner Motive, seine äußerliche Auffassungsweise, eine gewisse Fadheit, welche die bedeutenden Schönheiten seiner Kunst für gereifte Ansprüche indessen nie ganz vergessen lassen. Angesichts von Bedeutung und Umfang seines Talents aber muß man sich bedauernd fragen, zu welcher Höhe dieser Mann hätte gelangen müssen, wenn eine vertiefte Bildung Geist und Gemüt mit sicherer Schwungkraft versehen. — Der Ausgang dieses interessanten Prozesses ist harmlos genug. Veronese wurde aufgegeben, das Nasenbluten, die Landsknechte, den Zwerg, die Hunde zu entfernen. Das hat er nicht gethan, wie das heute noch in der Akademie zu Venedig befindliche Bild beweist, — wohl aber scheint die Magdalenenfigur fortgenommen und nach entsprechender Änderung der Mitte das Thema von Simon auf Levi umgetauft zu sein. Es ist also keine Entfernung im Sinne des Tribunalsspruches geschehen. Wahrscheinlich ist danach der Künstler über die Unhaltbarkeit des Prozesses aufgeklärt worden und hat jenem einfach stillschweigend Widerstand entgegengesetzt und den Prior dann mit dieser Änderung beschwichtigt.

Abermals ein „Mahl bei Simon" schuf Veronese hiernach für das Servitenkloster (jetzt in Paris, Abb. 66), auf dem die sehr leicht und lebendig gruppierte Tischgenossenschaft an zwei gebogenen Tafeln in einer Rotunde sitzt und über die knieende Magdalena hinweg sich ein Ausblick auf klassisch schöne Architekturen öffnet. Ist diese Art des Aufbaus auch die häufigste bei Veronese, so hat er doch vortreffliche Meisterwerke im gleichen Thema mit einer ganz anderen Anordnung geschaffen. So auf der Dresdener „Hochzeit von Cana," die in Deutschland der berühmteste Veronese ist (Abb. 67). Hier ist die Gesellschaft um einen Tisch auf der Veranda gruppiert und bietet einen fesselnden Anblick durch die Mannigfaltigkeit bildnismäßiger Typen, welche durch die reiche Bogenarchitektur im rechten Hintergrund noch mehr hervorgehoben werden. Die Hauptfigur ist hier der prüfende Weinschenk im mittleren Vordergrund, der in Orange und Rot auch den lichten Farbenaccord für das Werk angibt und zu dem Heiland mit dem leeren und wächsernen Gesicht überleitet. Das Bild ist in seiner bunten Farbenpracht sehr kennzeichnend für Veroneses Art, — es ist ein Bouquet aus Weiß, Blau, Rot, Gold und nach der dekorativen Seite bewundernswert. Es zeigt ihn aber auch vollkommen in seinem Mangel darin, daß er für die Poe-

Abb. 63. Das Gastmahl bei Levi. Venedig. Akademie.

sie des nackten Tons nur geringe Empfindung besaß. Man bestaunt seine Geschicklichkeit und kann den Rhythmus seiner Farbenkompositionen mit Genuß verfolgen, — vor einem seiner Werke in die Selbstvergessenheit süßer Dämmerungen zu versinken, wie es vor einem Tizian so leicht mit uns geschieht, kann man bei ihm nicht. Eine ähnliche Auffassung des gleichen Vorwurfs befindet fällt. Es ist in dem hier gegebenen Rahmen nur möglich, in den einzelnen Gruppen das Hauptsächliche zu streifen. Aber auch monumentale Arbeiten fehlen in dieser fruchtbaren Periode nicht, wie historische Darstellungen in einer Villa zu Magnadole, denen sich Fassaden und Innenmalereien an Palästen zu Venedig und Landhäusern auf dem Festlande anschließen. Indessen fallen

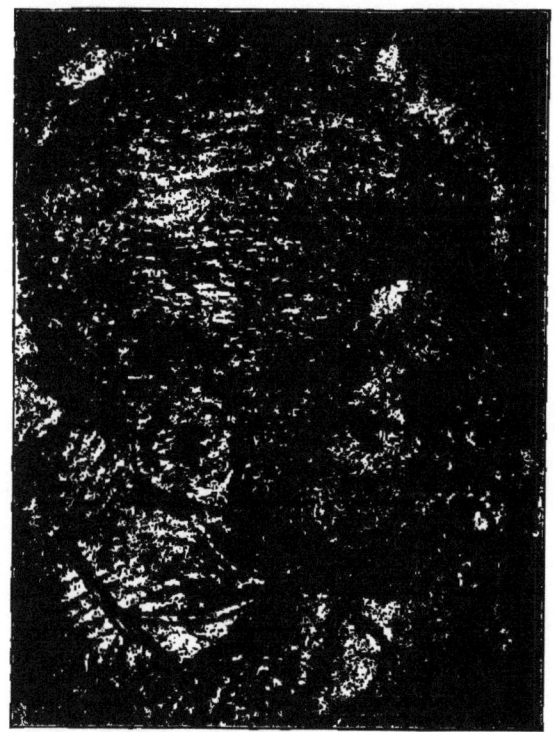

Abb. 64. Bildnisstudie. Paris. Louvre.
(Nach einer Originalphotographie von Braun, Clément & Cie. in Dornach i. E., Paris und New York.

sich auch in Madrid (Abb. 39), wo indessen die Handlung in einen geschlossenen Raum verlegt ist; hierher kann man auch das schon genannte Bild der „Jünger von Emmaus" (Abb. 54) rechnen, obgleich es eigentlich ein Gruppenbildnis der Künstlerfamilie ist. —

Eine zahllose Reihe von Werken auf Leinwand hat der Künstler während seines Lebens geschaffen, von denen ein sehr großer Bruchteil auf das Jahrzehnt zwischen Maser und dem Neubeginn im Dogenpalast entdiese Werke nicht ins Gewicht, da sie größtenteils von Schülerhänden ausgeführt sind; Veronese bleibt auch noch mit dem kleinen Bruchteil seiner nachweisbar eigenhändigen Schöpfungen neben Rubens die an Umfang wohl leistungsfähigste Erscheinung der Geschichte. Die Schnellmaler des Renaissanceverfalls kann man füglich nicht mit ihm und seinem flämischen Genossen vergleichen. — Als ein interessantes Thema, von dem leider jede Spur verschwunden ist, wäre vor 1577 jener Triumphbogen in S. Nicolo del Lido zu nennen, den Palladio 1574 erbaute und Tintoretto in Gemeinschaft mit Medici, zu besteigen. Der Doge gab zu diesem äußeren Empfang, bei dem Venedig seinen ganzen Reichtum entfaltete, eines

Abb. 65. Marter eines Heiligen. Lille. Museum.
(Nach einer Originalphotographie von Braun, Clément & Cie. in Dornach i. E., Paris und New York.)

Veronese ausschmückte. Die Signorie wollte damit König Heinrich von Polen ehren, der in diesem Jahre über Venedig nach Paris reiste, um dort den Thron seines verstorbenen Bruders Karl IX., Sohnes der Katharina seiner berühmten Bankette, bei dem der Anblick von zweihundert Patrizierinnen, die von Seide, Brokat, Gold und Edelsteinen starrten und als köstlichstes Kleinod dazu ihre sprichwörtliche Schönheit zur Schau

Abb. 66. Gastmahl beim Pharisäer Simon. Paris. Louvre.

Abb. 67. Hochzeit von Cana Dresden. (Nach einer Originalphotographie von Franz Hanfstängl in München.)

88 Paolo Caliari gen. Veronese.

Abb. 68. Anbetung der Könige. Dresden. (Nach einer Originalphotographie von Franz Hanfstängl in München.)

stellten, den galanten König in sprachlose Bewunderung versetzte. —

Eine beträchtliche Zahl von Tafelwerken Veroneses haben die „Anbetung des Kindes" zum Vorwurf. Teils sind es die drei Könige (Abb. 68, 69), wie auf dem prächtigen Breitbild der Dresdener Galerie (von dem sich eine Replik in Venedig befindet), wo ein helles und gleichmäßiges Licht um edle Gestalten flutet und einen sprühenden Farbenaccord aus Braun, Grün und Rot in feiner Stufung zum Wirken bringt, und wo eine sonst bei Veronese nicht gerade häufige Kraft durch die feierlich nahenden Figuren geht; hierher gehört auch eine Münchener Hochdarstellung des gleichen Vorwurfs (Abb. 70); teils sind es Anbetungen des Kindes durch Heilige (Abb. 13, 16, 27, 42, 51, 53). Die schönste Darstellung dieser Art ist wohl die „Verlobung der heiligen Katharina" in Venedig, welche mit großer dekorativer Pracht dargestellt ist. Der Vorwurf ist für Veroneses äußerliche Art nicht günstig. Wo er, wie in Dresden und Paris, eine Art Staatsaktion darstellt, vermag seine malerisch bewegte Kompositionskunst und sein Farbenbouquet uns zu fesseln — wo dies nicht

Abb. 69. Anbetung der Könige. Wien. (Nach einer Originalphotographie von Franz Hanfstängl in München.)

Abb. 70. Anbetung der Könige. München.

der Fall ist, zieht er nicht an. Er, der eine Fülle der schönsten weltlichen Frauengestalten schuf, ist dem Mariatypus gegenüber spröde. Weil es ihm selbst an innerer Gläubigkeit fehlt und dazu sein Verständnis für das psychologische Erfassen der Mütterlichkeit nicht tief ist, kommt er über eine schematische Idealisierung des Modells nicht hinaus. Seine Maria posiert, und selbst wo sie in einem Modell voll jugendscheuer Lieblichkeit von

Anzahl von Heiligendarstellungen (Abb. 15, 19, 20, 33, 40), wie in Florenz die heilige Justine (Abb. 6), die heilige Katharina (Abb. 32), in Lille eine andere figurenreiche Marterdarstellung (Abb. 65), vor allem aber in London eine „Vision der heiligen Helena" an (Abb. 46), welche als eine überaus liebreizende Frauengestalt am offenen Fenster schlummernd dargestellt ist, vor welchem zwei Engel der Traumsehenden ein schweres Holzkreuz weisen.

Abb. 71. Christus auf dem Weg nach Golgatha. Paris. Louvre.

ihm verkörpert ist, guckt ein wenig Koketterie, wie sie in Venedig gleichsam in der Luft lag, hindurch. Seine „Verlobung der heiligen Katharina" in Venedig, seine „Anbetung" in der Akademie ebendort, die prächtige zu Dresden (Abb. 68), die stofflich glänzend gelöste Darstellung im Louvre (Abb. 51), nicht minder das Brüsseler Exemplar (Abb. 13) bieten ebenso viele Belege dafür. — Trotz des schönen Marientypus und sonstiger vortrefflicher Darstellung ist so von gleicher Äußerlichkeit eine „Verkündigung" (Abb. 11) in den Uffizien. — Diesen Mariendarstellungen schließen sich alsdann eine größere

Derselbe Mangel an Innerlichkeit, der sich in der Anlage seiner Stizzen für Heiligenmotive scharf verrät, macht sich auch bei seinen anderen Schöpfungen im Bereich der christlichen Legende geltend. Da sind immer malerische Eigenschaften (Abb. 5, 17, 43, 47), die blendend herausspringen und die uns leicht übersehen lassen, wie gleichgültig, ja verständnislos für menschliches Gefühl und Leiden seine Art und Fassungsgabe ist. So ist es unter den zahllosen Vorwürfen dieses Gebiets auf dem „kreuztragenden Christus" des Louvre (Abb. 71) die kecke Silhouette des Henkerknechts und ihr Abgesetztsein gegen den lichten Hintergrund, — in den „Schriftgelehrten" (Abb. 9) des Prado die erfindungsfrische Komposition mit der geschickt verwendeten Architektur, — in der „Kreuzabnahme" 26, 87), der auf Überraschung, lebhafte Bewegung, koloristische Kontraste bedachte Aufbau, welche die Wirkung dieser Bilder ausmachen, — Seele ist es nirgends. In einem

Abb. 72. Susanne im Bade. Dresden.
(Nach einer Originalphotographie von Franz Hanfstängl in München.)

des Louvre (Abb. 14), in den kaum eigenhändigen, im Ton für ihn zu flauen Bildern der Dresdener Galerie: „Kreuztragung" (Abb. 38) und der „Hauptmann von Kapernaum" (Abb. 8) u. a. (Abb. 21, 25, anderen Zeitalter zum Schaffen gekommen, würde der Künstler kaum ein einziges religiöses Thema behandelt haben, — das meint man zu fühlen. Er mochte Messe und Beichte regelmäßig wie ein anderer Venetianer be-

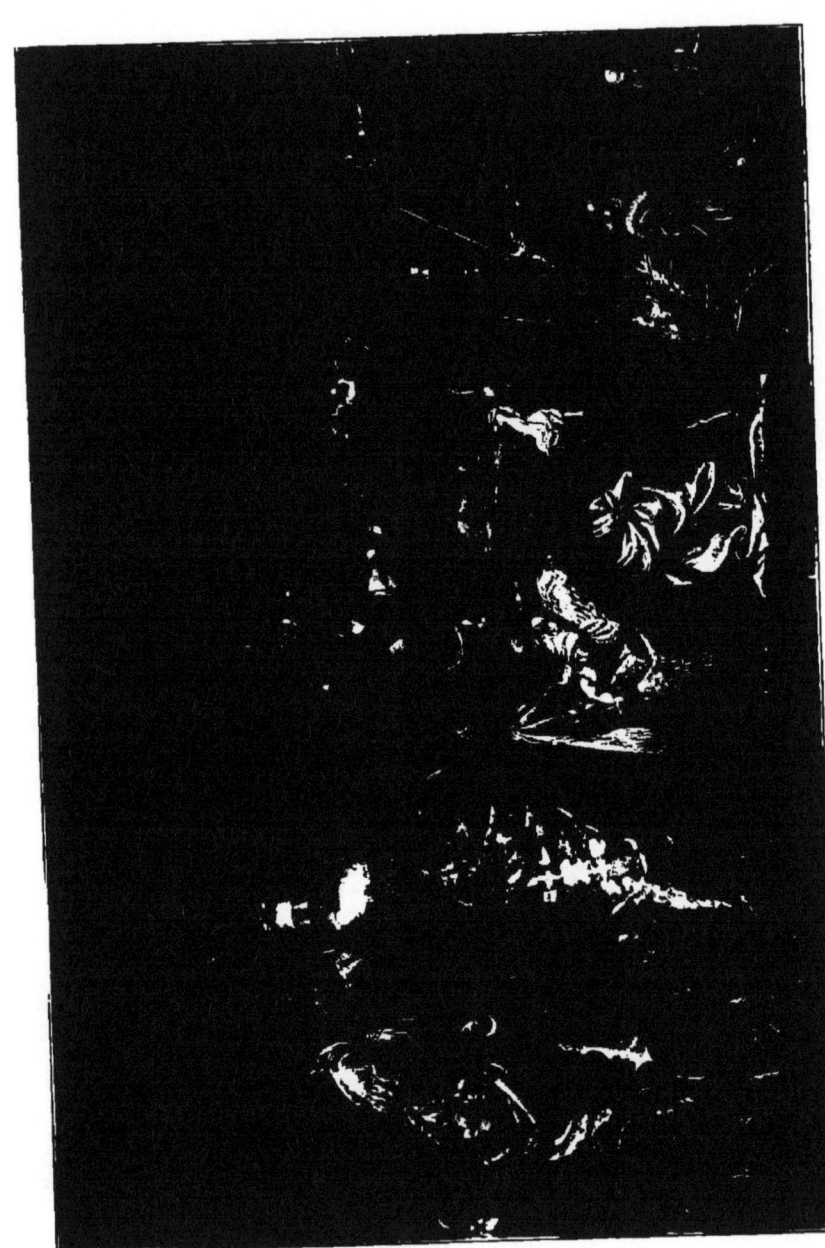

Abb. 73. Auffindung des Moses im Kgl. Dresden. (Nach einer Originalphotographie von Franz Hanfstängl in München.)

suchen und von seiner eigenen Glaubensfestigkeit, unkritisch wie er in seiner Bildung war, sicher überzeugt sein, — er fühlte und sah die Welt mit dem naiv-frohsinnigen Egoismus eines alten Hellenen der Niedergangszeit. —

Und dieser augenfrohe Spätling der antiken Lebensanschauung, mit der das Venetianertum ohnehin mehr als einen verwandten Zug aufzuweisen hat, tritt besonders zu Tage, wo ein religiöser Vorwurf eine gewisse Entfaltung des Weltlichen begünstigte, wie z. B. in seinem außer im Prado noch mehrfach (Abb. 12, 41) vorhandenen Bild: „Christus und die Ehebrecherin". Mit welchem durchtriebenen Geschick hat er die gefesselte Frau mit jugendlichem Liebreiz ausgestattet und diesen zum beredsamsten Verteidiger benutzt! Da macht sie durch einen holdseligen Blick den greisen Ankläger ihr gegenüber verstummen und nur noch scheu die Schuldgründe vortragen, — und sie verkörpert dazu in sich eine seiner glücklichsten Frauenbildungen. — Noch entschiedener aber ist diese heidnische Anschauungsweise in den alttestamentlichen Vorwürfen zum Ausdruck gekommen, wo er in breiter Behaglichkeit ein Stück Sittengeschichte schildert und dabei alle Register seiner Liebe zu glänzenden Stoffen, Kostbarkeiten, Geschmeide, für vornehmes Leben in fürstlichen Verhältnissen öffnet. So seine „Susanne und die beiden Alten," welche letzteren 'auf dem Pradobild (Abb. 45) als zwei weltgewandte Männer im Park auf die notdürftig verhüllte üppige kleine Frau mit dem herausfordernden Blick angelegentlich einreden, als gelte es die harmloseste Auskunft. Ein anderes Exemplar zu Dresden (Abb. 72), das indessen zum Teil Schülerarbeit sein dürfte, zeigt eine sehr dicke und stattliche Dame, welche sich halb enthüllt am Springbrunnen den Staub von den Füßen spült und dabei aus dem tiefer gelegenen Garten von zwei Alten mit feingeschnittenen Gesichtern beobachtet wird. Ein weiterer mehrfach vorhandener Gegenstand ist die „Findung des Moses im Nil," deren eine Fassung eine der Perlen des Prado (Abb. 44) ist und in einer Replik davon in Dresden (Abb. 73) hängt. Da sieht man die Tochter Pharaos in reichem Brokatkleid, üppig, blond, am Flußufer unter Bäumen stehen geblieben und den Findling bestaunend, der ihr von einer Dienerin eben gezeigt wird. Ehrendamen, Dienerinnen, ein Zwerg, ein Mohr, Lakaien und Kavaliere umgeben dabei die stolze Prinzessin. Im Hintergrund erblickt man jenseits einer hochgewölbten Brücke eine prächtige Stadt an waldigem Bergabhang.

Nicht so oft, als er es im dekorativen Freskoschmuck der Herrenhäuser gethan hat, stellte Veronese mythologische Motive auf Tafeln dar, obgleich er gerade auf diesem Gebiet seiner Art nach wie kein zweiter Zeitgenosse, Tizian vielleicht ausgenommen, begabt war. Die Einwände, die man sonst vor vielen seiner Bilder nicht unterdrücken kann, werden auf ein Nichts angesichts dieser Vorwürfe abgeschwächt, — mit einer graziösen Flüssigkeit wird er hier oft zum bezaubernsten Schilderer voll seiner und schmeichlerischer Stimmung und zum köstlichsten Bildner. Ein Defizit an Seele spürt man kaum, weil wir Seele im modernen Sinne in dieser antiken Welt nicht suchen und uns gewöhnt haben, ihre Werke von anderen Gesichtspunkten aus auf uns wirken zu lassen. Wir finden ein prächtiges Beispiel für diese Art seiner Tafelkunst noch späterhin im Dogenpalast, dürfen aber als noch vollkommener darin „Adonis und Venus" im Prado (Abb. 74) betrachten, welches Werk als der schönste Veronese in Spanien gilt. Unter einem Lorbeerbusch sitzt da in dämmeriger Sommerabendschwüle die Liebesgöttin, nur halb von einem reichgewirkten Tuch verhüllt, und fächelt mit einem Fächer von Fähnchenform, wie sie zu Veroneses Zeit in Venedig sehr beliebt waren, dem in ihren Schoß mit dem Kopf gelehnten schlafenden Adonis Kühlung zu. Der eine der Hunde des bärtigen Jägers ruht still zu Füßen der Göttin, der andere, welcher bellen will, wird von Amor mit kindlicher Anstrengung zurückgehalten. Die üppige Göttin, die eine der liebreizendsten Frauengestalten des Künstlers ist, schaut mit geneigtem Kopf traumversunken vor sich hin. — Geistverwandte, wenn auch nicht zweifellose Darstellungen sind ferner die Gruppe: „Mars und Venus" in Petersburg (Abb. 80), eine originelle „Toilette der Venus" in Privatbesitz (Abb. 75), ein „Jüngling zwischen Laster und Tugend" im Prado und schließlich die wohlbekannte Ledaauffassung von Dresden. Dazu zählen auch vier allegorische Darstellungen, die sich einst in dem Bankettsaal des Deutschen Börsen-

Paolo Caliari gen. Veronese. 95

hauses zu Venedig, dem durch Giorgiones und Tizians Jugendthätigkeit berühmten Fondaco dei Tedeschi befanden (jetzt Berlin) und wie Aufbau, Modellierung und die teilweise recht anmutige Tonwirkung nachweisen, kreises am Himmel sichtbar werden. Gleicher Art ist ein ehemals im Palazzo Pisani zu Venedig befindlich gewesenes Deckenbild in Berlin zu erwähnen, zu dem vier reizende Bilder mit je drei spielenden Genien gehören.

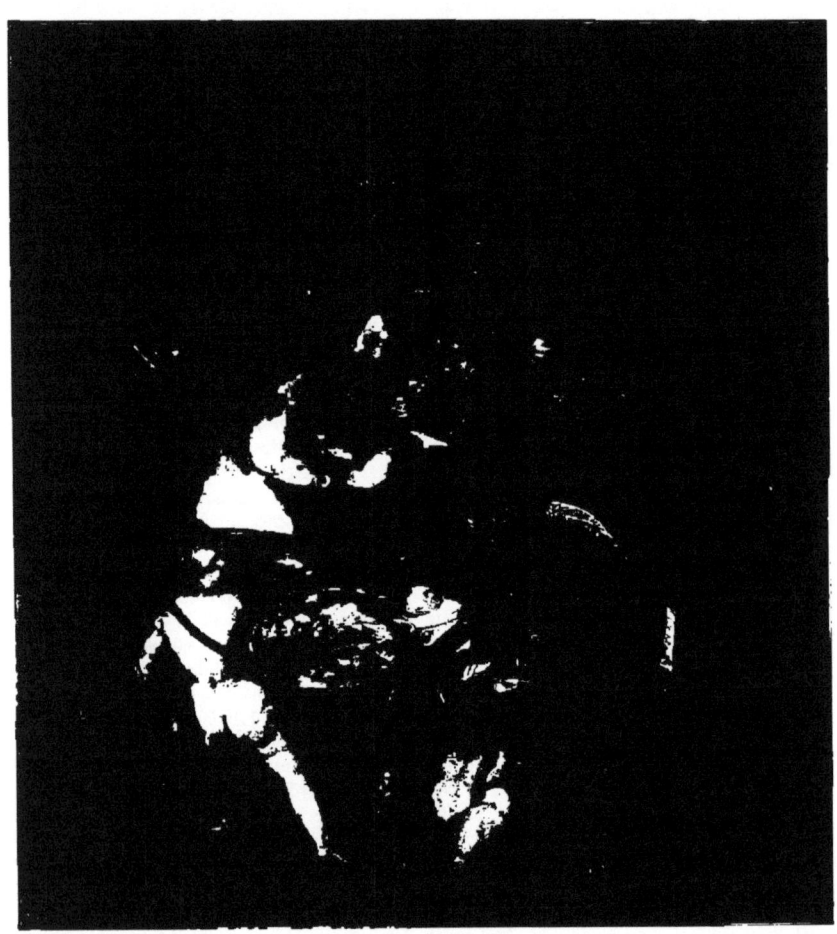

Abb. 74. Venus und Adonis. Prado.
(Nach einer Originalphotographie von J. Laurent & Cie. in Madrid.)

vom Künstler selbst angelegt, aber mit Hilfe von Schülern vollendet sind. Es sind dies mehrere Gruppen: Minerva und Mars (Abb. 76), Apollo und Juno, Saturn und die Religion, Jupiter, Fortuna und Germania, hinter denen entsprechende Teile des Tier-

Nichts aber ist schließlich bezeichnender für den Charakter von Veroneses Talent, als daß er die eigentliche Bildnismalerei, für welche in dem reichen Venedig ein günstiger Boden war, nie besonders gepflegt hat. Zwar gibt es viele Porträts in den europäischen Galerien, die seinen Namen tragen, aber dieser Name war in der Vergangenheit vielfach ein Sammelname, mit dem alle venetianischen Porträts, die sonst nicht augenscheinlich von einem Anderen herrührten, etikettiert wurden (Abb. 3, 4, 7). Ein Damenbildnis in Wien, das lange Zeit hindurch läßt uns ohne Weiteres erkennen, daß vermutlich eine Edeldame aus Verona die Dargestellte des Wiener Bildes ist, nicht aber die kleine, kurzhalsige und korpulente Adoptivtochter der S. Marcusrepublik. Dieser wirklichkeitsfreudige Künstler, dessen berühmteste Werke wahre Bildnissammlungen

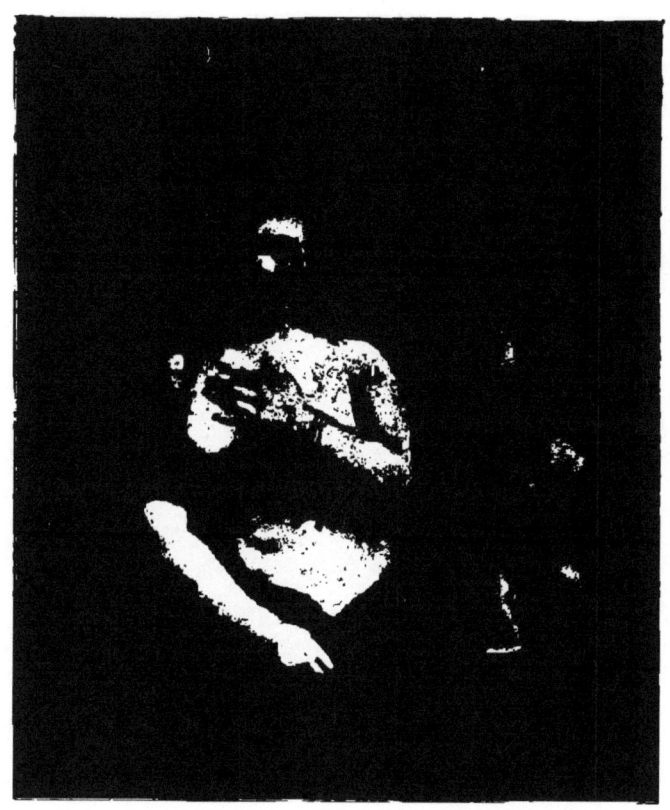

Abb. 75. Venus bei der Toilette. Galerie Czartoryski.
(Nach einer Originalphotographie von Braun, Clément & Cie. in Dornach i. E., Paris und New York.)

angeblich von Veronese herrührte und Katharina Cornaro vorstellen sollte, obgleich diese achtzehn Jahre vor des Künstlers Geburt starb, ist jetzt auf seinen Meister Badile getauft und auch von der Bezeichnung als Katharina Cornaro Abstand genommen. Der Vergleich mit einer authentischen Marmorbüste der Königin im Berliner Museum von zeitgenössischen Größen und Berühmtheiten sind und der das Wesen der Dargestellten im Rahmen einer zufälligen Handlung mit wenigen Strichen schlagend zu treffen wußte, der sogar überall in seinen Gruppen die porträtmäßige Wirkung suchte, hielt sich von der eigentlichen Pflege dieses Gebietes fern. Er empfand wohl, daß es ihm an psychologischem Blick einerseits wie andererseits an jenem intimen koloristischen Feingefühl, womit durch die Hervorkehrung der animalischen Erscheinung von Mensch und Umgebung die Charakteristik bis zu einem gewissen Grade ersetzt werden kann, fehlte. Er zog deshalb das Gruppenbildnis Gestalten des Glaubens, der Liebe und der Hoffnung zwischen ihnen ermutigend und zusprechend posieren. Daneben sind aber einige Frauenbildnisse von Rasse zu nennen, wie die ältere Dame in reicher patrizischer Tracht zu München (Abb. 78), vor allem aber die ungemein fein aufgefaßte und im Ton

Abb. 76. Minerva und Mars. Berlin.

bei weitem vor. Auch die „Madonna des Hauses Cuccina" in Dresden (Abb. 77) ist ein solches, bei dem die durch Säulen von den anbetenden Familiengliedern geschiedene Heiligengruppe von minderer Betonung ist. Auf dem warmtonigen Bild mit der Kanalfassade im Hintergrund sieht man das Ehepaar Cuccina mit männlichen Anverwandten und der zahlreichen Kinderschar vor der Madonna knieen, indessen drei allegorische prächtig behandelte junge Frau mit dem Knaben an der Hand und dem Hundekopf im Louvre (Abb. 48). Daneben hat Veronese in seinem Selbstbildnis von Florenz, in dem er gealtert erscheint und die mehrfach um den Hals geschlungene Ehrenkette trägt, — in dem Pauluskopf (Abb. 79) ebendaselbst, besonders aber auch in Bildnis-Handzeichnungen (Abb. 2, 60, 64) ein Zeugnis dafür hinterlassen, welch' intimer

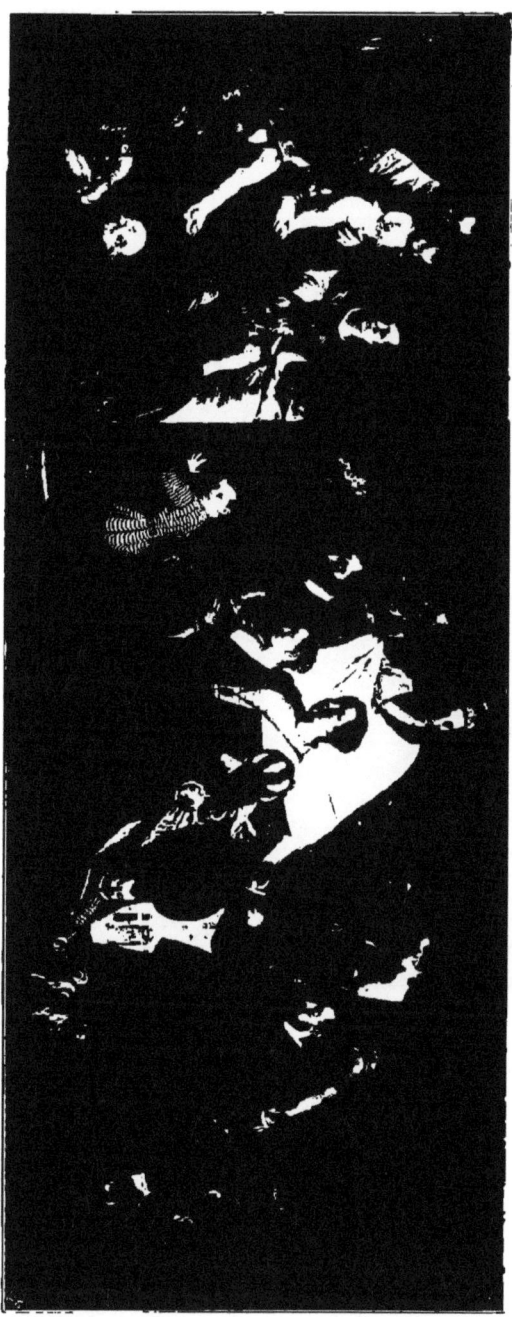

Abb. 77. Madonna mit Heiligen, von der Familie Cuccina verehrt. Dresden. (Nach einer Originalphotographie von Franz Hanfstängl in München.)

Beobachter er mitunter sein konnte. Davon sprechen übrigens auch seine malerischen Handzeichnungen (Abb. 28, 29, 34, 35, 37, 57, 86, 88); in ihren flüchtigen Impulsen und dem schnellen Erfassen der Augenblicklichkeit sind sie vielfach von einer Wärme, die man in seinen großen Bildern von solchem Reiz nur selten findet. —

* * *

1574 und 1576 hatten verheerende Brände den Dogenpalast heimgesucht und wertvolle Malereien von Tintoretto, Orazio Vecelli (Tizians zweitem Sohn), Veronese vernichtet. — Der Staat erfreute sich damals einer verhältnismäßigen Ruhe seit längerer Zeit und war opferwillig in Sachen der Kunst, die ohnehin in Italien während und nach der Renaissance eine heute unbekannte Schätzung und Pflege gefunden hat. Eine eigentlich volkstümliche Litteratur in edlem Sinne besaß jene Epoche nicht, dafür aber war die Kunstsinnigkeit weit verbreitet, und die Päpste, die Machthaber der kleinen Monarchien, die Republiken, vor allem aber die Kirche wußten mit der italienischen Klugheit sehr genau zu würdigen, was der von der Kunst bewirkte Rausch der Sinne beim Volk in richtiger Leitung für einen agitatorischen Wert hatte und welchen Glanz große Schöpfungen über eine Regierung oder ein Dynastengeschlecht zu breiten vermögen. Die welterfahrenen Patrizier in den Lagunen des Adriatischen Meeres wußten das ebensogut wie einer der Festlandfürsten; sie hatten dazu vor anderen Republiken den Vorzug eines aristokratischen Regiments von durchweg feingebildeten Standesgenossen, die mit den eigentlichen Leitern solidarisch dachten und nicht die Einrede irgend eines reichgewordenen Vorstadtproletariers, dem die Kunst ein überflüssiger Luxus war, zu fürchten brauchten. Zu dem unendlich Vielen, das in Venedig schon für die bildenden Künste gethan war, und Veronese. Veronese stand damals auf dem Gipfel seines Ruhmes. Wie sein Vorbild und Gönner stand auch er in Beziehung mit den Fürsten dieser Zeit. Die Herzöge von Mantua, Modena, Savoyen bestellten Bilder bei ihm und wechselten mit ihm Briefe; Kaiser Rudolf pflegte mit Stolz

Abb. 78. Bildnis einer Frau. München.

entschloß sich die Signorie jetzt, nicht nur alles Verlorene schleunigst ersetzen, sondern auch die übrigen Teile des Dogenpalastes durch die ersten Künstler in großartiger Weise ausschmücken zu lassen. Die Ausführung dieses Entschlusses ward einer gewählten Kunstkommission übertragen, für die natürlich in erster Linie die tonangebenden Künstler in Frage kamen. Nach dem kurz zuvor erfolgten Tode des fast hundertjährig gewordenen Tizian waren das Tintoretto auf der Kunstkammer des Hradschin zu Prag den Gästen seine Veroneses zu zeigen, und Philipp II., der bei Lebzeiten Tizians nicht genug Werke von dessen Hand erhalten konnte, lud einige Jahre nach diesem Zeitpunkt den berühmten Künstler unter glänzenden Versprechungen ein, ihm den Eskurial auszumalen, was der seßhafte Veronese indessen ablehnte und statt dessen an seiner Stelle Zuccaro empfahl. Diese Erfolge verdarben seine selbstbewußte Bescheidenheit nicht, was eine hübsche Anekdote trefflich beleuchtet. Als besagte Kunstkommission für die Ausschmückung des Palazzo Ducale am Entscheidungstage gerade Sitzung hielt und die Künstler mit allen Hilfsmitteln der Vorder- wie Hintertreppen sich um Bedachtwerden mit Aufträgen mühten, begegnete er in den letzten zehn Jahren seines Lebens vorwiegend für den Dogenpalast arbeitete. Daneben entstanden dann noch andere Tafel- und Monumentalwerke geringerer Art, worunter sich die im vorigen Abschnitt angeführten Gemälde für das Kaufhaus der Deutschen am Rialto befinden.

Abb. 79. Kopf des heiligen Paulus. Florenz. Uffizien.
(Nach einer Originalphotographie von Braun, Clément & Cie. in Dornach i. E., Paris und New York.)

Contarini dem Veronese auf der Straße. Der Patrizier sprach ihn an und machte ihm Vorwürfe, daß er sich nicht beworben habe, worauf der Künstler erwiderte: er halte es für besser, daheim zu arbeiten und durch gute Werke sich solche Auszeichnung zu verdienen, nicht aber sich darum zu bewerben. Er behielt mit dem Vertrauen auf seinen Ruf Recht, denn er wurde so bei der Verteilung der Aufträge bevorzugt, daß

Unter den Dogenpalastdarstellungen eine der schönsten, aber auch merkwürdigsten wegen der Wahl des Gegenstandes für den Ort ist der berühmte, in mehreren Fassungen daneben vorhandene „Raub der Europa" in der Sala del Anticollegio (Abb. 81). Nur eine Venetianer Kunstkommission konnte wohl auf den Gedanken kommen, hartgesottene Politiker und Geschäftsleute auf dem Weg zu ernsten und nüchternen Staatssitzungen durch solch' ein Bild von der süßen Sinneslust zu erfreuen und zu erinnern, daß sie Venetianer seien; für einen solchen Anblick zu erhalten. Die Komposition ist etwas gehäuft, aber nicht

Abb. 80. Mars und Venus. St. Petersburg.
(Nach einer Originalphotographie von Braun, Clément & Cie. in Dornach i. E., Paris und New York.)

netianer seien; und nur diese ritterlichen Gestalten vom Lido hier verstanden auch wohl, ihre Seelen jung und empfänglich überladen, — sie schildert uns zur Linken an lauschigem Hainrand den mythologischen Hauptvorgang und läßt uns zur Rechten in ein reizendes Meergestade hineinsehen. Da hat sich der außerordentlich wohlgestaltete Stier mit weichen, glatten Formen zutraulich niedergelassen und leckt der Herrin, die sich bereits auf seinen Rücken niederläßt, schmeichlerisch den nur von der Sandale bekleideten Fuß. Sein bekränzter Kopf hat einen Anschein von Bewußtsein, es ist etwas Menschliches darin wie auch in dem galanten Niedersitzen, so daß der Maler uns durchaus den maskierten Gott in der Tierhülle ahnen läßt. Auf ihm aber sitzt — als die Schönste und Edelste unter den bildhübschen Mädchen, welche gleich der Herrin zu Veroneses reizendsten Typen gehören — eben die Prinzessin ein wenig zaghaft nieder, während zwei Dienerinnen sie stützen und bedienen, eine dritte und vierte die von flatternden Putten herabgeworfenen Blumen und Kränze auffangen; es ist ein buntbewegter und äußerst anmutiger Anblick. Besonders fein ist im Gesicht der Prinzessin ein Seelenzustand dargestellt, der halb Freude an dem ungewöhnlichen Spiel mit dem zahmen Tier, halb scheues Bangen ist. — Naiv aber wie ein Quattrocentist hat uns Veronese in demselben Bild gleich den Fortgang der Geschichte erzählt. Im Mittelgrund schreitet der Stier mit der Prinzessin, von zwei der Mädchen geführt, langsam nach vorwärts, während die anderen mit den Putten im Vereine jauchzend umherspringen. Im Hintergrund aber schließlich schwimmt das Tier mit der Hilfe rufenden Europa bereits unerreichbar für die vergeblich ins seichte Wasser nachgesprungenen Gespielinnen durch die Meerwogen dahin.

Noch reicher in seinem dekorativen Genie hat sich Veronese in der Sala del Collegio selbst entfaltet, wo er mehrere außerordentlich schöne Werke schuf, ohne an einer Stelle darin zu verraten, daß er seit Maser um anderthalb Jahrzehnte gealtert war. An der Thronwand malte er eine Allegorie auf den 1571 von Sebastian Veniero über die Türken gewonnenen Sieg, die freilich von

Abb. 81. Raub der Europa. Venedig. Dogenpalast.
(Nach einer Originalphotographie von Gebr. Alinari, Florenz.)

Abb. 82. Der Glaube. Venedig. Dogenpalast.
(Nach einer Originalphotographie von Gebr. Alinari, Florenz.)

etwas pomphafter Gesuchtheit ist. Der greise Doge erscheint hier im Geleit der Stadtheiligen St. Marcus, St. Justina, Venezia und einer Fides, sowie seiner Unterfeldherren, um den Himmel um Hilfe anzuflehen, und diese wird ihm von dem in der Glorie herabschwebenden Heiland, den seine Heerscharen umgeben, auch für die Seeschlacht verheißen; man erblickt zu deren Andeutung seitlich in der Tiefe den Mastenwald der kampfbereiten Flotte. Das Beste indessen enthält der sehr reiche Deckenschmuck, in dessen Mitte sich eine Perle Veronesischer Kunst, nämlich die unter einem Thronhimmel auf der Halbkugel in königlichem Schmuck posierende „Venezia" befindet, welcher der Friede und die Gerechtigkeit als ideale Frauengestalten verehrend nahen. Die fast berauschende Farbenpracht dieses Hauptbildes an der Decke vermag aber nicht die kleineren Nebenkompositionen wie eine prächtige Glaubensallegorie (Abb. 82), wie vor allem jene köstlichen Gestalten zu beschatten, in denen das Schicksal, die Tugenden, die Wissenschaft verherrlicht sind. Es ist in diesen Figuren einer „Fortuna" (Abb. 83) mit dem Würfel in der Hand, einer „Felicitas" mit dem Schlangenstab, einer „Keuschheit," einer „Philosophie" (?), welche ein Spinnengewebe entwirrt, eine kleine Einzelgalerie von idealen Schönheiten innerhalb der großen abzuteilen, an der dieser begnadigte Sinnenmensch sein ganzes Leben hindurch andächtig geschaffen hat.

Ob schließlich in der Sala del maggior Consiglio im Palazzo ducale das Wandbild mit der „Rückkehr des Dogen Contarini vom Siege bei Chioggia" und von den drei

Deckenbildern die „Eroberung von Smyrna" und die „Verteidigung von Skutari" Veronese zuzuschreiben sind, ist sehr zweifelhaft. Bode spricht sie ihm in der neuesten Bearbeitung von Burckhardts „Cicerone" ab und vermutet Tintoretto und den jüngeren Palma dahinter, was in jedem Falle so viel für sich hat, daß man sich dem anschließen kann. Die Werke sind für Veronese nicht

Apotheose der gewonnenen Lagunenheimat zugleich die Apotheose seines eigenen Malerschaffens, — dies Werk ist die Höhe, die Vollendung und der Abschluß seiner märchenhaft reichen und schönheitsseligen Farbenkunst. So wenig wie in seinen übrigen Deckenmalereien liegt der Nachdruck hier in der perspektivischen Lösung der Untenansicht, in der er seine Vorgänger Michelangelo und

Abb. 83. Fortuna. Venedig. Dogenpalast.
(Nach einer Originalphotographie von Gebr. Alinari, Florenz.)

gut genug, abgesehen von den Kennzeichen der Manier, und dem Hauptwerk dieses Saales nicht ebenbürtig. Dieses Deckenmittelbild enthält die berühmte „Apotheose der Venezia", Veroneses letztes größeres und sein schönstes Werk, zu dessen Ausführung er dreißig Jahre lang gereift und geläutert war (Abb. 84). Wenn er auch noch eine Anzahl von Werken, die bald jetzt ein Nachlassen zeigen, nachdem geschaffen hat, so war doch diese

Correggio nicht erreichte. Wie in den Architekturhintergründen und Perspektiven seiner großen Tafelbilder wird auch hier sein Bruder Benedetto diesen Teil der Aufgabe behandelt haben. Er löste ihn nicht ganz ungeschickt, wobei die Pracht der leuchtenden Farben und der lebendigen Gruppen ihn wesentlich in der Gefangennahme der Sinne und Ablenkung des Verstandes unterstützten, aber eine vollkommen reine Illusion von schwergewichtslosen Gestalten in der Luft zu erzeugen, gelang ihm nicht. Die Deckenmalerei wird ohnehin immer etwas königlicher Festpracht und stolzer Haltung thront in diesem Mittelfeld Venezia als stolzes, idealschönes Weib auf einer Wolke

Abb. 84. Triumph der Venezia. Venedig. Dogenpalast.
(Nach einer Originalphotographie von Gebr. Alinari, Florenz.)

Unnatürliches und Kunstwidriges bleiben trotz der Decke der Sixtinischen Kapelle und der Domkuppel zu Parma. — In vor einer reichen dekorativen Architektur mit mächtigen gewundenen Säulen. Ein flatternder Genius über ihr bläst die Po-

Abb. 85. Kreuzabnahme. St. Petersburg. Eremitage.
(Nach einer Originalphotographie von Braun, Clément & Cie. in Dornach i. E., Paris und New York.)

Saume des Ruhmes, ein anderer legt eben den Siegeskranz auf ihr reiches blondes Haar. Rings um sie herum lagern und sitzen auf der gleichen Wolke fünf herrliche Gestalten: Ehre, Freiheit, der lorbeerbekränzte Frieden, Juno und Ceres, welch letztere in der Rückenansicht prachtvolle Bildung des nackten Körpers schauen läßt. Unterhalb der Wolke aber befindet sich eine engbesetzte Galerie, in deren Mitte — welch feine Huldigung des besten Frauenmalers von Venedig an das mit Recht so viel gepriesene schönere Geschlecht der Lagunenstadt! — Edeldamen andächtig zur schönen Stadtgöttin emporschauen. Vor den Säulenpostamenten befinden sich ihre und der Stadt Gebieter, während kraftvolle Matrosengestalten auf den Postamenten die starken Säulen umklammern, — dankt doch ihrem Beruf Venedig Größe und Macht. Darunter steht dann dicht gedrängt das Volk, von zwei gepanzerten Reitern, sowie einem anderen Gewaffneten überragt und zurückgehalten. Ganz im Vordergrund ruht zwischen Trophäen ein nackter Sklave und bei ihm steht der bei Veronese unvermeidliche Hund. Mit seiner Fülle der schönsten Gestalten und lebendigen Gruppen in glücklicher Verteilung innerhalb des riesigen Ovals, mit seinem Glanz von vieltönigen, durchsichtigen, sattleuchtenden Farben und lichten Schatten, mit dem Anschlagen wundervoller Farbenaccorde und bezaubernder Wohlklänge alles dessen, was dem Menschenherzen im Großen als hehr und begehrenswert erscheint, trägt dieses Werk eine Vollendung in sich, die es neben die besten Meisterwerke der Renaissance stellt. — —

Was Veronese fortab noch schuf, zeigt Beginn des Altersstils. Er übertreibt seine Manier, legt auf Schlager größeres Gewicht, verwendet auf starke Wirkungen hin schwere Deckfarbe und kontrastiert Licht und Schatten stark, die er vordem so fein zu verbinden verstand. Eine „Krönung" sowie eine „Himmelfahrt Mariä" (beide in der Akademie zu Venedig, Abb. 87) gehören bei vielen schönen Punkten doch schon einer auf Bravour gerichteten Zeit an, in der die Lokalschulen Italiens ihre Eigenart verwischen und eklektisch zu arbeiten beginnen.

Noch eine große Aufgabe sollte Veronese im Dogenpalast beschieden sein, die freilich seiner vollen Kraft würdig war und ihn vielleicht noch einmal aus dem Nachlassen hochgehoben hätte: das Paradies. Er entwarf eine Skizze dazu, — dann aber trat er unerwartet aus rüstiger Lebenskraft ab, und Tintoretto mußte dies Werk ausführen.

* * *

Das Glück, das dem Künstler einst eines jener beneidenswerten Talente mitgegeben, die glänzend nach außen in Wirksamkeit treten, aber nicht so tief sind, daß die Qualen des Schaffens über die Lust der Empfängnis und der Vollendung hinausragen, war ihm bis in die letzte Stunde treu. Eine frohe Jugend, — ein früher Erfolg, — ein rechtzeitiges Betreten der ihm tauglichen Bühne, — ein rasches Emporklimmen, nachdem er mit auffassendem Auge sich in der neuen Heimat kaum umgesehen, — die Gunst derjenigen, die sonst jeden anderen niederhielten, — ein siegreiches Sichbehaupten auf der Höhe, — ein reiches Eheglück, Wohlstand, Sinn für frohen Lebensgenuß — erst nahe am Ende eines schaffensreichen, aber nicht mühseligen Lebens sein schönstes Werk, das einen

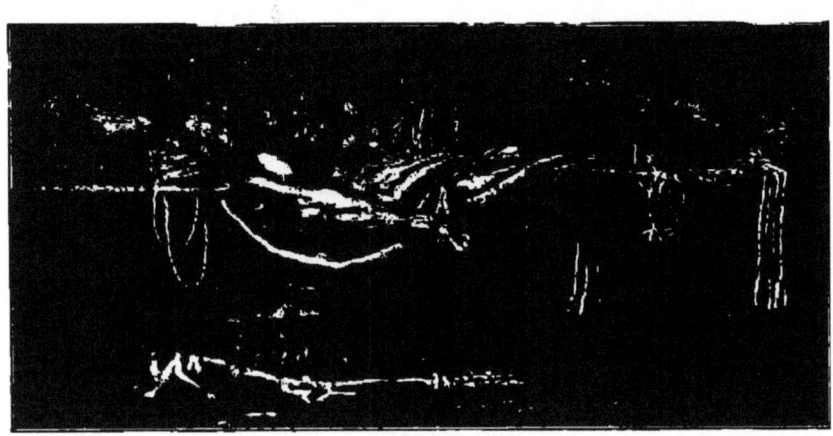

Abb. 86. Handzeichnung.
(Nach einer Originalphotographie von Braun, Clément & Cie. in Dornach i. E., Paris und New York.)

rosigen Schimmer über seine letzten Jahre breitete, — ein rascher und unerwarteter Tod aus heiterem Leben heraus, — — selten hat ein Menschenleben auf den Höhen der Gesellschaft so viel aufzuweisen. 1588 nahm der jetzt 60jährige Veronese an einer Prozession zu Ehren des Jubiläums Sixtus' V. Teil, erkältete sich und starb nach ganz kurzem Krankenlager laut dem Totenbuch des Kirchspiels S. Samuele am 19. April an einer Brustfellentzündung. In der Kirche des Klosters S. Sebastian, die ihm ihren Farbenschmuck verdankt und der Ort war, von dem aus er die Gunst Venedigs eroberte, ward er begraben und erhielt einen Grabstein mit einfacher Inschrift:

Paulo Caliari Veron:
Pictori Celeberrimo Filii
et Benedict. Frater Pientiss.
Sibi Posteris Que Decessit.
XII Calend. May.
XVᵉ LXXX VIII.

Das Datum des Grabsteins stimmt mit dem der Totenrolle von S. Samuele nicht, indessen wird diese zuverlässiger sein, da der Grabstein wahrscheinlich längere Zeit nach seinem Tode gesetzt ward.

Abb. 87. Himmelfahrt der Maria. Venedig. Akademie.

Paolo Caliari gen. Veronese. 109

Abb. 88. Studie. Wien.
(Nach einer Originalphotographie von Braun, Clément & Cie. in Dornach i. E., Paris und New York.)

Veroneses menschliche Tugenden hatten einen durchaus bürgerlichen, um nicht zu sagen, philiströsen Anstrich. Groß und stattlich, vornehm und prunkvoll in der äußeren Erscheinung, Freund von Fürsten und vielen venetianischen Patriziern, zu denen er späterhin als „Ritter der Sanct Marcusrepublik" auch äußerlich gehörte, war dieser Mann behaglich in seinem Wesen, liebenswürdig und zurückhaltend, milde im Urteil, eine häusliche Natur von starkem Familiensinn. Er war sparsam und legte von seinen Einnahmen, die lange nicht sehr glänzend waren, so fleißig zurück, daß er nach den noch im venezianischen Staatsarchiv vorhandenen Steuererklärungen Güter auf dem Festlande bei Trevijo, Castelfranco, Asolo, Porto erwerben konnte, — was die damals beliebte Art der Kapitalsanlage war. Er verzichtete aber trotzdem nicht auf Prunk und Pracht, die er als Mensch an sich und um sich liebte und als Künstler selbst auf dem unscheinbarsten Bild mit virtuoser Geschicklichkeit darstellte. Er ging nicht nur selbst in kostbaren Stoffen einher, sondern schmückte auch Umgebung und Werkstatt damit. Die Neger, Pagen, Diener, Dienerinnen, welche auf seinen Bildern vorkommen, sollen nur zum Teil gemietete Modelle gewesen sein, zum anderen als Diener und Mägde kostbar ausstaffiert sich in seinem Hause befunden haben; auch wird von einer reichen Sammlung von Edelsteinen und Geschmeiden in seinem Besitz berichtet. Sein Auge war durstig nach schönen und seltenen Farben und das Rauschen kostbarer Gewänder Bedürfnis für sein Ohr, — er verbrauchte viel von diesen Anreizen bei seiner umfassenden Kunstschöpfung. — Nach seinem Tode führten sein Bruder Benedetto, seine beiden Malersöhne Gabriel und Carletto die Werkstatt fort und zeichneten Bilder als „Herodes Paoli," bis Carletto 1596 noch im blühenden Alter, sein Onkel 1598 im 61. Lebensjahre starb. Der älteste Sohn Gabriel, der Maler wohl nicht aus Neigung geworden war, gab die Werkstatt auf, ward Kunsthändler und starb erst 1631. — Von den zahlreichen Schülern des Meisters ist nichts zu berichten, denn keiner vermochte sich in dem allgemeinen Verfall zu bemerklicher Bedeutung aufzuarbeiten.

Mit Veronese trat der hervorragendste Darsteller von der großen venezianischen Schaubühne und ihre letzte bedeutende Persönlichkeit aus der Blütezeit ab. Man darf ihn freilich nicht mit Tizian vergleichen wollen, der ungleich bedeutender als er die seelische Sphäre des Volksschlags auf den Lagunen, die intimen Stimmungen von Örtlichkeit, Leben und Zeitereignissen, das Gefühlsraffinement und den Pulsschlag tiefer erfaßt und künstlerisch größer dargestellt hat. Was den Lebenspuls betrifft und die Leidenschaft, so spiegelt sie sich bei Tintoretto selbst stärker. Aber Veronese hat am schärfsten die Physiognomie der venezianischen Spätrenaissance wiedergegeben, — er hat als „einer der herrlichen veronesischen Erzähler" uns das märchenhafte Feiertagsleben auf den Lagunen mit blendender Farbenvirtuosität, Reichtum an wohlklingendem Ausdruck und in einem Umfang geschildert, daß er ein selten versagendes Nachschlagebuch für den Kulturhistoriker geworden ist. Alle Zauber der Örtlichkeit und der vornehmsten Menschenerscheinungen, wie sie nie so zahlreich an einem Ort zusammengelebt, — alle Zauber von einem begnadeten Dasein, in dem Thatkraft, Schönheit, Bildung, Kunstsinn, Reichtum, frohester Genuß zu bethörenden Accorden von einem auf Erden verwirklichten Daseinsideal zusammenklingen, — die Helden dieses monumentalen Idylls selbst und ihre wunderschönen Frauen sind in seinem Werk zusammengebannt, — sie sind in seiner „Hochzeit von Cana", dem Dariusbild und seiner „Apotheose Venedigs" der bewundernden Nachwelt in einer Art von Gloriole überliefert. Veroneser von Geburt, war er aufgegangen im Venezianertum, das zu verherrlichen er nicht müde ward, — als er stirbt, scheint der letzte Venezianer großen Stils aus der Blütezeit abzutreten.

Mit seinem Tod erlischt der künstlerische Glanz Venedigs. Die handwerksmäßige Routine, die schon längst im übrigen Italien das Erbe Michelangelos breit trat, wuchs mit dem allgemeinen Verfall und erstickte jeden frischen Keim. Das Schwergewicht der europäischen Kunst fiel nach Spanien und nach den Niederlanden im Norden. Nur einmal leuchtete noch ein glänzender Meteor von den Laguneninseln auf, der einen Lichtstreifen auf die tote Pracht einer mehr als hundertjährigen Vergangenheit warf. Dieser letzte Funke venezianischen Kunstgenies der Renaissance, das mit ihm endgültig erlosch, war .... Tiepolo.

Benutzte litterarische Quellen:

Charles Yriarte, Paul Véronèse. Paris 1888.
— — Vie d' un patricien de Vénise. Paris.
Guhl-Rosenberg, Künstlerbriefe. 2. Auflage. Berlin 1880.
G. Vasari, Leben der Maler, Bildhauer und Baumeister (Stuttgart 1846), ediert von Schorn und Förster.
H. Janitschek in Dohmes Kunst und Künstler des Mittelalters und der Neuzeit. Leipzig 1877.
J. Burckhardt, Der Cicerone, 6. Auflage, ediert von W. Bode. Leipzig 1893.
W. Lübke, Kunsthistorische Studien. Stuttgart 1869.
P. G. Molmenti, Die Venetianer. Deutsch von M. Bernhardi. Hamburg 1886.
Julius Hart, Geschichte der Weltlitteratur. Neuhausen 1894.